Series of New History

新史学译丛

Trent 1475

特伦托1475
一场血祭谋杀审判

〔美〕夏伯嘉 著

胡芷妘 译

傅俊濠 黄信之 校

商务印书馆
The Commercial Press

R. Po-chia Hsia

TRENT 1475: STORIES OF A RITUAL MURDER TRIAL

Copyright ©1992 Yale University

Originally Published by Yale University Press

根据美国耶鲁大学出版社 1992 年版译出

目 录

前　言

　　500 多年前，特伦托（Trent）的犹太社团成了血祭谋杀指控的受害者。《特伦托的犹太人审判记录》（Prozess gegen die Juden von Trient）是一份关于这些悲惨情况的详尽手稿，构成了本卷的基础，这份手稿研究了这些事件并描述了参与者，包括指控者和被告。

　　耶希瓦大学博物馆（Yeshiva University Museum）于 1988 年收到了这份手稿，它是埃丽卡（Erica）和路德维希·耶塞尔森（Ludwig Jesselson）的礼物。他们是公认的犹太文化——包括其文物、其精神和其未来之庇护人。这一手稿被呈现的目的在于让其记录的故事被听到。幸运的是，我们找到了罗尼·夏伯嘉（Ronnie Po-chia Hsia），他以热情和真正的学术尊严回应了这一挑战。

　　我们对所有人表示感谢。

珀尔·伯杰（Pearl Berger）
本杰明·戈特斯曼（Benjamin Gottesman）图书馆馆员
及图书馆馆长，耶希瓦大学（Yeshiva University）

致 谢

我要感谢耶希瓦大学本杰明·戈特斯曼图书馆馆员珀尔·伯杰邀请我研究耶希瓦大学博物馆新获得的手稿，并感谢她和布鲁克林学院的戴维·伯杰（David Berger）在我到纽约研究期间的盛情接待。这个项目得到了罗马的安娜·埃斯波西托（Anna Esposito）和特伦托的迭戈·夸廖尼（Diego Quaglioni）的帮助，他们正在出版三卷本的拉丁语审判手稿记录和其他相关文件。感谢夸廖尼教授和特伦托的伊吉尼奥·罗杰（Iginio Rogger）教授，我有幸被邀请参加 1989 年 10 月举行的关于约翰内斯·欣德巴赫的生活和著作的国际会议。许多人为这项工作提供了想法、建议、质疑、帮助和信息，包括艾伦·邓兹（Alan Dundes）、斯蒂芬·格林布拉特（Stephen Greenblatt）、约翰·哈里斯（John Harris）、阿尔弗雷德·哈弗坎普（Alfred Haverkamp）、佩内洛普·约翰逊（Penelope Johnson）、布鲁斯·库佩尔尼克（Bruce Kupelnick）、凯特（Kate）和迈克尔·兰根（Michael Langen）、艾莉森（Alison）和戈登·韦纳（Gordon Weiner）、查尔斯·T.伍德（Charles T. Wood）。我在纽约大学的早期现代欧洲研究生研讨会的学生，特别是戴维·莱德勒（David Lederer）和詹姆斯·帕尔米泰萨（James Palmitessa）；达特茅斯学院、纽约大学、加州大学伯克利分校和特里尔大学（University of Trier）的演讲听众；以及耶鲁大学出版社的匿名读者。

在机构支持方面，我感谢耶希瓦大学图书馆、耶希瓦大学博物馆（特别是其馆长西尔维娅·赫尔斯科维茨［Sylvia Herskow-itz］）、特伦托省档案馆（Archivio di Stato）和奥地利国家图书馆（Österreichische Nationalbibliothek）的工作人员，以及达特茅斯学院（Dartmouth College）图书馆馆内借阅部门的工作人员。马萨诸塞大学阿默斯特分校（University of Massachusetts at Amherst）和国家人文科学基金会（National Endowment for the Humanities）慷慨地提供了旅行经费。

帕梅拉·克罗斯利（Pamela Crossley）在写这部稿子的艰难时期一直陪伴着我。在此表达我的感激和爱慕之情。

诺里奇，佛蒙特州

1992 年春

引 言

　　1987 年 12 月，苏富比拍卖会上成交了一份关于在特伦托发生的血祭谋杀审判的德语手稿，1988 年，这份手稿被送到位于纽约的耶希瓦大学博物馆。[1] 这份耶希瓦手稿（Yeshiva Manuscript）是用标准的 15 世纪后期德语大法官体（Chancery hand）抄录的，一共有 614 页，由抄录者本人编页码。整份手稿的段落之间，交错有照明首字母，手稿的第 2 页上，更有不同颜色的装饰边，包括金色、红色、蓝色及绿色，并饰有符腾堡家族的纹章。同一页的顶部用不同字体标示了手稿后来的收藏地："加尔默罗会维也纳修道院"。皮制封面上有 1615 年的字样，很可能是维也纳修道院收藏这份手稿的年份。手稿的内容用黑色墨水写成，红墨水标示的注释则夹杂其中。

　　耶希瓦手稿应该是在 1478 年 6 月 20 日后抄写成的，这一天正好是教宗下诏令，停止约翰内斯·欣德巴赫主教（Bishop Johannes Hinderbach）针对特伦托犹太人的审判中一切不公之日。手稿可能是在 1478 年的下半年或最迟在 1479 年接到誊写委托的。虽没有关于这个手稿来源的确实证据，但有两个人可能是这份手稿的委托人。其中一个当然是符腾堡伯爵大胡子埃伯哈德（Eberhard the Bearded, count of Württemberg），他是图宾根大学的创办人，其纹章就出现在这份手稿上。另一个可能的委托人是他的姻亲——身兼曼托瓦主教（bishop of Mantua）和特伦托主教座堂议员职务的枢机弗朗切斯科·贡萨加（Francesco Gonzaga）。拜画家安德烈亚·曼泰尼亚（Andrea Mantegna）所赐，我们能看到贡萨加一家的肖像画：父亲路易吉三世公爵（Duke Luigi Ⅲ）、母亲勃兰登堡的芭芭拉（Barbara of Brandenburg），还有他们的孩子，包括三子弗朗切斯科和嫁给大胡子埃伯哈德伯爵的女儿芭芭拉。为庆祝结婚，埃伯哈德来到意大利，于 1474 年 4 月抵达曼图亚。如果他按照以往德意志王公行走的路线，取道阿尔卑斯山的布伦纳山口（Brenner Pass），他就一定会经过特伦托。因此，当血祭谋杀在 1475 年 3 月发生的时候，他一定会对这个阿迪杰（Adige）河畔的城市有印象。无论如何，我们都有理由相信，耶希瓦手稿最早收藏在埃伯哈德位于斯图加特的私人图书馆。[2] 无疑地，在特伦托发生的血祭谋杀让伯爵下定决心对付所有在他属地的犹太人：当埃伯哈德于 1477 年成立图宾根大学时，他同时驱逐了所有住在图宾根的犹太人。1492 年他立下的遗嘱更禁止任何犹太人在符腾堡居住或经商。[3]

　　我们不知道手稿是如何由斯图加特流传到维也纳的。它很有可能是加尔默罗会得到的礼物。但是它是谁赠送的呢？可能是皇室家族赠送的。哈布斯堡家族在 1520—1534 年占领符腾堡时有得到这份手稿的机会，就在乌尔里希公爵（Duke Ulrich）因谋杀手下骑士而被帝国禁令剥夺了称号之后。这份手稿或许是在皇家军队于 1534 年占领斯图加特之后被转送到维也纳的。xix无论如何，我们知道自 1615 到 1930 年，这份耶希瓦手稿一直收藏在位于维也纳的加尔默罗会。大萧条之初，即很多维也纳修道院变卖收藏的手稿之时，耶希瓦手稿便被拿去拍卖了。[4] 此后，这份手稿便落入美国私人收藏家之手，直至被耶希瓦大学博物馆得到。

确切地说，耶希瓦手稿不是对审判过程的逐字记录。委托重抄手稿，是为了配合当时罗马的"殉道者小西蒙"（Little Martyr Simon）的封圣运动，因此手稿只选择了和"血祭谋杀"有关的审理文件。为了给后续文本建立时间顺序和合法性的框架，这份手稿的开头便是教宗西斯克特四世（Sixtus IV）训令的德语译本，按这位作者兼编者的话来说：

> 首先是教宗训令。在这份训令里，赞美归于勤奋和司法程序，我们的圣父教宗认同及宣布了适时进行的、因神圣无辜的男孩西蒙而针对犹太人的审判和判罪，记录如下。而且，对所述犹太人的所述审判是公平及合理、合法地进行的，正如从后文可看到的那样。[5]

这段有关教宗训令的文字和符腾堡家族纹章标记之后，便是官方有关这一审判的声明：

> 现在，我们将开始叙述之前提及的每一项审问和判决，这些审问和判决都是根据天主之法律，针对这些污辱及亵渎耶稣基督的人即特伦托的犹太人而进行的，是为被这同一群犹太人残忍折磨并杀害的无辜小童神圣殉道者西蒙而进行的；但首先，有关对之前犹太人的指控的有力线索，以及寻找失踪小孩的经过，人们都可以在下文中见到。[6]

这段文字之后的内容，便是故事性的开场白（第5—17页）。它提供了从耶稣受难日到复活节这几天的官方大事记，快速地带领读者了解了一系列重要的场景：男孩的父亲安德烈亚斯（Andreas）在弥撒后到主教处求助，波德斯塔（podestà，或称为城市司法官）下令搜索男孩，在撒母耳（Samuel）家中找到尸体，验尸，把尸体移至圣彼得教堂，以及逮捕第一批犹太人。这一叙述性的开场白可能是在手稿主体完成之后才编写完成的。它采用了一种受到激发的"目击者"的叙述风格，形成了手稿中一个结构特别的部分，将作为序言的教宗训令和之后的审判文字联系在一起。显然，作者是在场的：叙述者并不是指记录这次的审判的法庭文书，而是以权威姿态形容并评论了接下来的事件的人。

耶希瓦手稿的主要内容是法庭记录。除记录了对一些有敌意的基督徒目击者——他们提供了一些"重要巨大且真正的指向犹太人的标识"的初步审查外，手稿主要记录了对特伦托犹太人社团中的19名男性和4名女性的审讯，时间从1475年3月28日到1476年4月6日（第24—216页）。这些记录都是根据目击者排列，在不同家庭的次级门类下按先后次序排列，首先是家主和仆人，其次是客人，最后则是妇女。唯一的例外是犹太社团的代表撒母耳，虽然他不是第一个被执法官问话的，但他的审问记录被排在手稿的开端。手稿的编者曾经解释过他这样安排的原因，而这一段话值得被详细引用，以便了解耶希瓦手稿实际上是如何被编纂在一起的：

> 但是因为这些犹太人不想知道也不想说之前被提xxi
> 及的神迹，也不想知道和不想说有关圣人西蒙的死亡
> 或伤口的事。法官指示，在如此严重的事件中为了彻

底和完全查明事件的真相，需要动用法律所认可的酷刑，以便让恶行得到惩治，无辜的人不会因此而受到怀疑和伤害。于是，特伦托的执法官亲自下令逮捕所有犹太人，这是他的职责所在，而且他要认真地进行审讯，在此类事上，这种做法是正确无误的。虽然根据法庭记录，同样的问题最早是用意大利语向博纳旺蒂尔（Bonaventure，即德文名叫泽利希曼［Seligman］的犹太人，他是撒母耳的厨子）提出的；在他之后被提问的是另一个泽利希曼，他是犹太人迈尔（Mayr）的儿子；第三个被提问的是以色列（Israel），他是撒母耳之子；第四个被提问的是维塔尔（Vital），撒母耳的仆人；第五个才是撒母耳本人，但是我认为，鉴于这个撒母耳几乎是此事件的领导、这件事的主谋及大多数事件的发起人，我要以这位撒母耳为开始，并研究他的审判。而且，在我看来，一些事情在他的供词里被解释得更加清楚。[7]

这个"我"到底是谁？在尝试解答之前，我们要先更加仔细地研究耶希瓦手稿的文本和语言特色。正如我之前已经讨论过的那样，耶希瓦手稿是个复杂的文本，它重新翻译了来自不同文献的文本，并按特定的原则编辑，令其成为一个特伦托血祭谋杀案的官方版本。人们可以从中找到五种不同的"声音"：基督徒目击者、编写这份手稿的人、犹太人、执法官以及文书。基督徒目击者——包括改宗的乔瓦尼（Giovanni）——在审讯的开始，就提供了毁灭性的供词，不过他们在耶希瓦手稿中扮演了一个次要的角色。编写这份手稿的人无从稽考。虽然我们无法确认翻译者的身份，但我们知道法庭文书丰多的汉斯（Hans von Fundo）及这场审判的一些其他目击者能说德语，他

们都听过第一手的犹太"供词"，而这些犹太人都说德语。一个
合理的推测是，编写这份德语文件的人并不仅仅依靠拉丁语的 xxii
书面文件，而且可以利用那些耳闻或目睹过这批犹太囚犯的人
对他们留有的鲜明记忆。排除这两种声音之后，留给我们的还
有三种不同的声音。犹太人社团中共有十五名男性和四名女性，
各有不同的背景和性格，但是在这场审讯中，他们的声音被归
结为同一名对话者的声音。代表着权威的执法官包括主要发言
人、波德斯塔、他的同事长官和他们的翻译员。此外还有陪审
员、守卫以及官方证人，不过在文中，他们的发言都只占了几
行字。最后最主要的声音属于记录审讯的文书。一共有两名文
书，丰多的汉斯和马里法拉的彼得·劳特尔（Peter Rauter）。丰
多的汉斯是刑事法庭的正式书记（Blutschreiber），他出席了大
部分的审讯。1475 年 10 月 28 日，他要求辞职，因为特伦托当
局被宗教特使指责滥用司法。当时的波德斯塔萨利斯的乔瓦尼
（Giovanni de Salis）拒绝了这个要求，认为丰多的汉斯的语言能
力无人可以替代（他能使用流利的德语、意大利语及拉丁语）。
不过他同意委派马里法拉人彼得·劳特尔为第二文书。[8] 一般
来说，三种主要的"声音"——执法官、犹太人和文书们的声
音——不是直接被听见的。丰多的汉斯坐在行刑房的角落，往
往用第三人称记录着执法官和囚犯们的对话。他经常采用间接
引语，并在句子开头使用"有人问"（man fragt）这类字眼，这
是对司法程序的有序和酷刑的无情惊人的提醒。偶尔，囚犯的
直接陈述会对记录的有序性产生威胁，情绪上的爆发则会冲破
法庭对话的壁垒。

　　这样一来，读者在阅读这份手稿时会遇到一个翻译方面
的双重难题：由口语到文本；由一种语言到另一种语言。当时 xxiii

的对话这一诉讼的主要组成部分是在两组人——执法官和犹太人——之间进行的。至于背景，我们必须要想象在城堡中的行刑室：空荡荡的房间、高耸的天花板、石墙、几张长凳，可能还有一两扇窗和吊刑刑具（*strappada*，这是一种带有滑轮装置的绳索，是用来吊起犯人的）。波德斯塔全程参与，城中的军事指挥者——长官没有全程参与，虽然大部分时间他都在场。其他在场充当翻译和官方证人的人还包括：行政官、陪审员以及文书。法庭文书坐在椅上，桌上放着笔、墨水和纸，为法庭及后世记录了当时的场景和对话。尽管这份审判记录读起来十分生动，但我们要记得，这是一份用对被记录的主角全然陌生的语言写下的记录。

审讯中一共有四种语言。从耶希瓦手稿中，我们得知波德斯塔布雷西亚（Brescia）的萨利斯的乔瓦尼说意大利语，但德语则勉强可以沟通；长官斯波罗的雅各布（Jacob of Sporo）则是德意志人，几乎不懂意大利语。[9] 审讯过程是这样的：波德斯塔先用意大利语提问，再翻译成德语审问犹太人，犹太人则用德语回答，再译成意大利语给波德斯塔听。文书则在旁试图用拉丁语记录一切问答。除了安娜和以色列两人能说流利的意大利语和德语，其余的犹太人都只会说德语，他们中的很多人来自中欧，只懂一点或全然不懂意大利语。在两次不同的审讯中，以色列和安娜用意大利文做了简短回答——显然，这一情况极为特殊，文书甚至记录了原文。希伯来语则出现过两次，一次是在犹太人发誓供词为真时，另一次是在执法官强迫他们重复《哈加达》（Haggadah）祷文时，而这些祷文在基督徒看来是亵渎神明的。耶希瓦手稿本身如同审讯的复音乐谱，它是多种翻译的记录[10]：从意大利语译为德语，德语译回意大利语，希伯来语译为德语和拉丁语，从意大利语和德语译为拉丁语，从拉丁语写成的法庭记录翻译成德语手稿。最后，这份手稿也是一种远比此前的几种翻译更为"邪恶"的"翻译"，它跨越了事实和想象之间的边界，将原本自愿的陈述书分解为屈打成招的供词，并且将犹太教仪式歪曲为基督教徒眼中的野蛮民族风俗。[10]

缩略语与标题简称

AST, APV, C——特伦托省档案馆，主教档案，箱号

SL——拉丁语部分

ST——德语部分

ÖNB——奥地利国家图书馆

"Pro bibliotheca"——《"建立藏书"》(*"Pro bibliotheca erigenda": Monstra di manoscritti ed incunaboli del vescovo di Trento Iohannes Hinderbach, 1465–1486.* Trent: Biblioteca comunale, 1989)

Processi——《审判》(*Processi contro gli ebrei di Trento, 1475–1478.* Vol. I, *I Processi del 1475.* Ed. Anna Esposito and Diego Qaglioni. Padua: CEDAN, 1990)

Quaglioni, *Apologia Iudaeorum*——夸廖尼,《犹太人的辩护》(Battista Dei Giudici. *Apologia Iudaeorum. Invectiva contra Platinam. Propaganda antiebraica e polemiche di Curia durante il Pontificato di Sisto IV (1471–1484).* Ed. Diego Quaglioni. Rome: Roma nel Rinascimento, 1987)

Rogger——罗杰 (*Il Principe Vescovo Giovanni Hinderbach (1465–1486) fra tardo medioevo e umanesimo: Incontro di studio, Trento, 2–6 ottobre 1989.* Ed. Iginio Rogger. Trent, 1992)

耶希瓦手稿——耶希瓦大学博物馆。纽约。《特伦托的犹太人审判记录》

第一章　采邑主教

耶稣受难日仪式刚刚结束，约翰内斯·欣德巴赫正要走出 1
主教座堂，工匠安德烈亚斯·翁弗多尔本（Andreas Unferdor-
ben）便迎上前来，他告诉这位"最德高望重的采邑主教"，他的
儿子西蒙自昨晚的第 12 小时左右就失踪了，或者"根据德意志
人的计时法"，孩子的失踪时间大约是昨晚 5 点钟。安德烈亚斯
在朋友的协助下，一直在找这个还不到两岁半的儿子，已经找
遍了城里以及邻近村庄。由于担心西蒙可能掉进了水沟里，搜
索队伍又沿着从阿迪杰河发端的各运河走了一遍，但都没能够
找到这个失踪的小孩。主教答应会帮忙，波德斯塔也命手下广
发消息——小孩失踪时身穿黑或灰黑色外套——到城中各区去。

就这样，耶希瓦手稿中"针对特伦托犹太住民审判"记载
的序幕拉开了。这份审判记录是在 1478 至 1479 年编纂的，大 2
约是在事件发生三年后，它运用了包括犹太人屈打成招的供词
在内的多种供词建构了一个故事。为表明诉讼的正当合理性，
叙述竭力营造条理性和逼真感。[1] 它的目的是用西蒙·翁弗多
尔本血祭谋杀的动机和细节，来道出犹太人的恶行。然而就像
讲得很糟的故事，耶希瓦手稿的记录充满了自相矛盾与前后不
连贯的地方。虽然它宣称记录史实，但它早已在冠冕堂皇的修
辞中失实，尤其还是基于反犹情绪的。但是若欲重现特伦托的

"血祭谋杀案"审判原貌，势必要从这份审判记录本身着手。我们可以从这反犹太故事的巨著中抽出叙述片断，严格地从文字与历史角度去批判，并以不同模式来看待它们。这样一来，我们看到的审判记录就不只是一个血祭谋杀故事而已，而是很多个故事：狱中男女在威逼下道出的生活片断；他们在拷问下招认的冤屈谋杀罪状；仇视犹太人者出于宗教狂热或贪婪人性而提出的指控；偷偷帮助犹太邻居的基督徒所施的善行；头脑简单者和满腹经纶者重复的有关犹太人仪式与魔法的种种传说；不用说，最终当然是判决处刑的故事。在故事里的众多人物之中，首先登场的是西蒙的父亲。

　　3月25日（星期六），安德烈亚斯又来向波德斯塔申诉，说仍然没有失踪小孩的消息。"于是他向他（波德斯塔）请愿，"耶希瓦手稿如是记载，"让他派仆人去搜那些犹太人的住宅，看看能否找到他（小孩），因为自己在城里的很多地方都听说了，在神圣庆典节日期间，犹太人会秘密绑架基督徒儿童，加以杀害。"安德烈亚斯还说："更何况，某人也建议他请求波德斯塔派人去搜查犹太人的住宅。"那个"某人"是个名叫"扎内塞乌斯"（Zanesus）的人，以"瑞士人"这一简单直白的称号为人所知。之后我们就会看到"瑞士人"在这个故事里所扮演的邪恶角色。

　　波德斯塔萨利斯的乔瓦尼带人去搜了犹太社团领袖撒母耳的家，但一无所获。第二天，3月26日，也就是复活节那天，西蒙却被发现死在了撒母耳家。根据审判记录所言，波德斯塔的手下找到了尸体。仆人乌尔里希于星期日晚手持火炬搜寻时，在一条通往撒母耳家的水沟中发现了尸体。但这说辞又一次和撒母耳后来在狱中的供词互相矛盾。事实上，找到小孩的是犹太人，而且是他们向波德斯塔报告的。这是审判记录中"未更正"的关键细节。据说，当尸体被放到水渠附近围观的犹太人面前时，它就开始流血。基督徒认为这是上天所赐的征兆，因为他们相信，刚刚遭杀害的人会在凶手面前流血。波德斯塔命人把西蒙的尸体送到圣彼得医院（Hospital of St. Peter's）去；他手下逮捕了六名犹太人：撒母耳、托比亚斯（Tobias）、恩格尔（Engel）、班伯格的摩西（Moses of Bamberg）之子伊萨克（Isaac）、约阿夫（Joaff）及泽利希曼。这群被告后来被押送到固若堡垒般的主教府邸布翁孔西廖堡（Castello del Buonconsiglio）去，当时这里是政府所在地，也是采邑主教约翰内斯·欣德巴赫的居所。

这宗针对特伦托犹太人的血祭诽谤案，亦即宣称犹太人出于宗教仇恨而且通常是为了祭仪而杀害基督徒的指控，在欧洲史上漫长的反犹控诉过程中既非空前也非绝后。[2]与中世纪末期广义的反犹思想相对，这宗发生于 1475 年的悲剧有两个很值得进一步检验的中心主题。第一个主题大概可称为"基督徒身份与反犹太人形象的平行建立"；第二个是反犹情绪的融合，既反映在世俗与教会威权所采取的反犹行动中，也反映在精英与庶民共创的排犹现象上。

从 12 世纪开始，随着新而繁缛的基督圣体敬礼的出现，种种的修炼方式、神学理论、滥用圣体的故事也开始流传。[3]面对怀疑派的存疑和异端的敌视，脆弱的基督圣体因其本身的"脆弱"与"威力"的辩证统一，反而凸显了神圣的品德。不信者（其中大部分是犹太人）往往会伤害"圣体"，而"圣体"终会得胜，其方式是让作恶者成为信者复仇或伸张正义的对象。在中世纪的绘画、传教布道时所讲的寓言故事、编年史以及戏剧中，亵渎圣体的描述经常出现，而在这些描述中，圣体逐渐可以和圣婴互换，由此可以看出伤害圣体、基督的牺牲以及杀活人祭神这些词语之间内在的形态学关系。[4] 虽然这些意图亵渎的行为大多会被归咎在犹太人身上，但只要威胁到了教会，任何团体都有可能受到这种指控。[5] 教会官方文字中充斥着大量很具争议的用语，反映在杀害儿童的图片、施展黑魔法以及可怕的食人仪式上，而这些用语都可以用在异端分子、犹太人或是女巫的身上。

以锡耶纳的圣贝尔纳迪诺（San Bernardino of Siena）为例，他在 1427 年夏天的讲道中，就曾抨击位于皮埃蒙特（Piedmont）的异端分子和女巫组成的一个秘密教派。据说，他们已经杀害了五个前去调查他们的异端裁判官。据这位修士所言，这些异端分子每年都会在特定时节劫持一个小男孩，然后互相抛掷这个小孩，直到小孩死去。在那之后，他们再将小孩尸体研成粉末，放到一个杯子里，大家轮流将其喝下。[6] 圣贝尔纳迪诺这一讲道中的主题后来也出现在各项指控犹太人的血祭诽谤案中，只经过少许改动，尤其是在 1475 年特伦托审判的记载里。此外，也出现在有关巫师夜会 * 的记述里。从特伦托案在罗马结案，到教宗英诺森八世（Innocent VIII）于 1484 年颁布训令坚决打击巫术，中间只隔了六年。

5 　　除了中古基督徒虔敬态度和反犹太思想之间的内在辩证，我们也必须在历史的背景中理解犹太人受迫害的个案。14 至 15 世纪，最重要的发展就是不同的社会团体联手采取行动来针对犹太人。中世纪晚期是一个有深切危机的时期，那时，教会、世俗界以及大众不约而同地产生了反犹情绪，弗兰蒂泽克·格劳斯（František Graus）在研究"黑死病与犹太人社团的毁灭"时将这一发展总结得很清楚。[7] 1348—1350 年屠杀犹太人期间，正是黑

---

* 巫师夜会，指欧洲基督教传说中的女巫夜间聚会。——译者

特伦托 1475：一场血祭谋杀审判

死病肆虐之时，这些屠杀也定下了其后 150 年里犹太人受迫害的模式。宗教仇恨和对经济不景气的愤怒化为一股摧毁犹太人社团及强迫他们改信基督教的强烈力量。反犹太教的争辩由来已久，基督教会提供了反对犹太人这些"杀害基督的刽子手"的神学论点；教会大力抨击放高利贷活动，还通过托钵修会僧侣四处宣扬这一点，在这一过程中，宗教热情加深了对犹太放债人经济上的不满。对俗世当权者而言，司法上的争议往往成了反犹神学思想的武器之一；统治精英阶层在政治危机时期通常更容易对犹太人展开迫害，或干脆屈服于要求以犹太人来做代罪羔羊的民怨。

"采邑主教"集世俗及教会管辖权于一身，在这种政教合一的领地中，官方的打压很快就落到了小众宗教族群上，而特伦托便是神圣罗马帝国辖下的教会领地之一。

"神恩所赐至尊至贵领主约翰内斯，兼任宗座主教暨特伦托领主"是这位第四任主教约翰内斯·欣德巴赫的名衔[8]，他于 1418 年 8 月 14 日出生在黑森（Hesse）的卡塞尔（Kassel）城外劳申贝格（Rauschenberg）附近，堪称欧洲北方第一代的人文主义学者。他父亲也叫约翰内斯，在马尔堡（Marburg）附近的劳申贝格任陪审员；母亲是朗根施泰因的伊梅尔琳（Immeln von Langenstein），在维也纳大学任教的神学名家朗根施泰因的海因 6 里希（Heinrich von Langenstein）是她的舅公。约翰内斯 16 岁时入读该大学，并于 1436 年取得学士资格，两年后成为文学硕士。1440 年，就像前后代代德意志学生一样，已经开始法律学习的他也到帕多瓦大学（University of Padua）就读法律系；10 年后，他获得了教会法博士学位。欣德巴赫有位名叫埃尼亚斯·西尔维厄斯·皮科洛米尼（Aeneas Silvius Piccolomini）的朋友，他不仅是著名的人文学者，也是皇室秘书、特伦托主教座堂参议会的成员（1431—1439），最后更成为教宗庇护二世（Pius Ⅱ）。欣德

7 巴赫在许多方面都很像这位出名得多的同时代人。他也为皇室服务，经由效忠哈布斯堡家族而取得在教会里的荣耀地位。[9]

欣德巴赫是在 1449 年开始为皇室服务的，当时他是腓特烈三世（Friedrich Ⅲ）的秘书；腓特烈三世为了酬谢他在米兰的外交贡献，授予他维也纳附近默德灵（Mödling）堂区的圣职俸禄。之后，欣德巴赫越来越受重视。1453 年，他跟随皇帝到了罗马；同年，教宗卡立克斯特斯三世（Calixus Ⅲ）授予他特伦托的圣职俸禄，为了换取此俸禄，欣德巴赫辞去了维也纳圣斯特凡大教堂（St. Stefan's Cathedral）的圣职。其后几年里，这位显贵顾问先后领受了其他任务与殊荣：1458 年，其友皮科洛米尼在锡耶纳当选为教宗，腓特烈三世便派欣德巴赫代表皇室去祝贺；1459 年，皇帝授予欣德巴赫神圣罗马帝国大法官（Count Palatine Laterano）荣衔；1461 到 1462 年，皇室派他出使波希米亚（Bohemia）；一年后，他代表腓特烈三世去向新教宗保罗二世（Paul Ⅱ）表示恭顺。

欣德巴赫往返在罗马教廷和帝国首府维也纳之间，由此踏上成功之途。虽然他是驻罗马的皇室使节，但是 1465 年特伦托主教座堂参议会选举时，他却当选为新主教。欣德巴赫无法立即接掌这个教会职位，直至 1466 年 7 月 20 日，他才在罗马获得批准及祝圣。在他得意洋洋地到特伦托上任后，又获旧主腓特烈三世授予帝国职位。

特伦托封邑位于罗马和维也纳的中间，为神圣罗马帝国最南端的属地，名义上是皇室采邑（所以欣德巴赫是由皇室赐封的），是出入日耳曼与意大利世界的交通门户。15 世纪，南蒂罗尔（southern Tirol）人口激增，因为高地人口拥挤，说德语的农夫及矿工逐渐向南迁移到山麓丘陵和山谷里定居，南北交通枢
8 纽中心的特伦托因此吸收了大量日耳曼移民。15 世纪末和 16 世

　特伦托 1475：一场血祭谋杀审判

纪期间，此地可能有四分之一的人口讲德语。[10] 虽然有些特伦托人通晓双语，但是意大利语和德语社团却各成一国，不相往来。尽管特伦托居民大部分是意大利人，而且城市机构很明显拥有意大利北部的色彩（波德斯塔官邸即为一例），但当 15 世纪末的德意志旅人离开维罗纳（Verona）周围的平原，准备穿越中欧高山区回家时，他们仍视特伦托为日耳曼地区的开端。[11]

这样一来，对于欣德巴赫这位皇家外交官来说，特伦托恰好占尽地利之便。主教职务似乎并未能使他放慢旅行的脚步。1469 年，他出任皇家驻罗马大使；1471 年，他以皇家特使身份主持了在雷根斯堡（Regensburg）举行的神圣罗马帝国议会；1474 年，他又出席了在奥格斯堡（Augsburg）的帝国议会。

游走在外交与教会职务之间的欣德巴赫依然热衷于追寻他在艺术及人文学科（*studia humanitatis*）领域内的兴趣。他是狂热的手抄本收藏家，也是意大利北部人文学者的朋友及通信者和方济各会传教士的支持者，还是位能干的行政官。从表面看来，欣德巴赫似乎是人文主义话语所推崇的"学以致用"的代表，但在教会显贵身份背后的这个人，究竟是怎样的人？这个人通过多重身份表露的自我实际上是怎样的？约翰内斯·欣德巴赫的真面目到底如何呢？

他的朋友皮科洛米尼早在当选为教宗之前就以爱心及智力方面的业绩给后人留下了鲜明的印象。与皮科洛米尼不同，欣德巴赫秉持日耳曼民族含蓄寡言的作风，很少表露自己。然而，他多少还是在书信或是书中眉批等处留下了蛛丝马迹。他似乎在意两件事：权力及虔敬。

对于一个拥有像他这样地位及学识的人来说，成功是以在教会中的晋升来衡量的。在他当选而获得主教一职时，他的成就就早已远超其父。他是否有可能登上教宗宝座呢？或许该说，罗马教宗的三重冠对他来说其实遥不可及；因为自教会大分裂（Great Schism）后，教宗这个至高无上的荣衔似乎都留给有贵族血统的意大利神职人员了。若说欣德巴赫不能指望跟皮科洛米尼相比的话，那么，拿他来跟同乡库斯人尼古拉斯（Nicholaus of Kues）相对比，倒是非常说得过去。被称作"库斯人"（Cusanus, 1401—1464）的尼古拉斯不是也跟他一样，是个有学识且虔诚的神职人员，而且同时为皇室及教会效力吗？尼古拉斯曾任特伦托北部布里克森（Brixen）的主教，后来晋升为枢机团成员。无论欣德巴赫私下里如何雄心万丈，1467年皇后埃莱奥诺拉（Eleonora）过世后，他在哈布斯堡王朝的立足点便消失了。欣德巴赫和腓特烈三世的关系日渐疏远，腓特烈三世更摆明态度，禁止他的这个手下获得枢机冠。[12] 当欣德巴赫当选为特伦托主教时，他其实早已丧失了昔日所拥有的维也纳政治支持。

虽说失去了皇室的眷顾，但特伦托主教一职提供的奖赏可以作为一定的补偿。特伦托主教教区和意大利的不同（罗马是一个明显的例外），其结构比较近似于日耳曼教区，世俗与宗教的司法权两者合一，大致上由主教及教会高层顾问（即主教座堂参议会的成员）管治。15及16世纪的法令表明，参议会三分之二的成员须选自德意志贵族家庭，其余三分之一则选自意大利名门望族。[13] 作为这一领地名义上的世俗和宗教领袖，采邑主教的权力始终受限于哈布斯堡王朝。在当选之后，欣德巴赫要和蒂罗尔大公西格斯蒙德（Sigismund）重签令欣德巴赫的前任乔格·哈克（Georg Hack）依附于大公的契约。契约内容包括欣德巴赫须宣誓效忠，并得接受西格斯蒙德派到特伦托的一名长官、城门钥匙保管人以及军队司令官。[14] 而在欣德巴赫的整个主教任期之内，他一直对西格斯蒙德怀有戒心，加以提防，因为西格斯蒙德试图越权，获取布里克森和特伦托两个采邑主

特伦托1475：一场血祭谋杀审判

教的司法管治权。[15]

对欣德巴赫而言，宗教不只是职业；主教职位的荣誉需要 10
与之相称的性情。欣德巴赫把他那位光宗耀祖的亲戚朗根施泰
因的海因里希牢记在心，而海因里希就是凭着虔敬和学识而闻
名于世的。欣德巴赫青年时期就读于维也纳大学时，必然对这
位于 1390 年代主导了神学院的杰出教授的种种传奇事迹有所耳
闻。在欣德巴赫所收藏的手稿及古书中，有两份属于朗根施泰
因的手稿：《弥撒正典阐述》（The Exposition on the Canon of the
Mass）[16] 和《创世记评注》（Commentaries on Genesis）。[17] 欣
德巴赫在《创世记评注》第一卷首页上画了自家族谱，把他和
这个伟大的学者联系在了一起。他在另一份手稿的眉批则表明
了他和这位伟大学者的亲戚关系。他那位人文主义者朋友皮科
洛米尼写了《腓特烈三世皇帝传》（History of Emperor Friedrich
III），在书中高度赞扬了这位皇帝建立的维也纳大学中的知识激
情："（维也纳大学）有教授文科及神学的学院，不久前更获教
宗授权，增设教授教会法的学院。大批匈牙利及德意志南部来
的学生在此齐聚一堂学习。这里有两位著名的杰出神学家，一
位是"黑森的海因里希"*，他曾在巴黎受教育，之后便来到刚
成立的维也纳大学任教，担任第一位教授，并完成很多重要著
作。"欣德巴赫亲自在"黑森的海因里希"上面做了记号，并在
页底加上"黑森的海因里希先生，与家母有血缘关系，我的外
祖母是他在朗根施泰因的姊妹的女儿"。[18] 可想而知，欣德巴赫
对自己的家族深感自豪，明显认为自己也注定可以名满天下。[19]

要了解欣德巴赫的思想背景，就是要对 1475 年审判时的宗
教及政治脉络有深入的理解。以学识做后盾的基督徒虔敬态度，

---

* 即朗根施泰因的海因里希。——译者

其实并不温和也不谦卑；基督教的教条堪称权力的化身，它揭发、戏弄甚至粉碎了教会敌人。如果说，在 1475 年的血祭谋杀审判期间，基督徒的虔敬威力得到了彰显，那么就欣德巴赫的情况而言，其影响一直从他过往的经历中延伸出来。要明白 1475 年及以后的事件，我们必须记住欣德巴赫的经历——他的学生时代、他的显赫亲戚朗根施泰因、维也纳大学、犹太社团以及维也纳。

15 世纪末的哈布斯堡帝国首都维也纳人口约 15000 人，只是当时欧洲大城市的一个缩影。帝国宫廷人口占了总人口 1/10 左右，显然，他们支配了这个城市。维也纳的犹太社团虽然比布拉格的规模小，但在中欧，这个社团算是最大的几个犹太社团之一。犹太区有围墙环绕，只有 4 个大门可以进出，内有 69 幢建筑及 500 名居民。[20]

当时维也纳的新大学委任的学者泰斗之一，就是神学家朗根施泰因的海因里希。为回到讲德语的故国，他放弃了牛津的职位。朗根施泰因的海因里希曾在巴黎求学，且曾深受托马斯主义（Thomism）*自然哲学与神学的综合学说的影响，而在涉及宗教信仰时，他拒绝接受亚里士多德派的逻辑。这一思想上的转变大约发生在 1390 年代，是他接触维也纳犹太社团的结果。

在巴黎的时候，朗根施泰因曾和改信基督教的犹太人一同学习希伯来语。西方教会大分裂期间（1379—1415），他对宾根的希尔德加德（Hildegard of Bingen）、菲奥雷的约阿希姆（Joachim of Fiore）的预言以及犹太人改信基督宗教的情况产生了莫大的兴趣。他笔下经常出现大量与犹太人有关的文字，也写过

---

* 托马斯主义，以托马斯·阿奎那（Thomas Aquinas）的哲学或神学观点为中心的学说。圣托马斯·阿奎那是多明我会士，代表作为《神学大全》（Summa Theologica），被封为教会圣师。——译者

两本广泛讨论犹太人生活及文化的著作：《谈希伯来常用语》(*On the Hebrew Idioms*, 1388) 及《论合约》(*Treatise on Contracts*, 1390—1391)[21]。他强烈抨击放高利贷的行为，也对犹太人及基督徒混在一起的现象表示愤怒。

在维也纳，朗根施泰因可能和犹太社团有过个人接触。他大概曾与社团首屈一指的居民以及访问学者交谈过，例如迈尔拉比 (Rabbi Meir ben Baruch Halevi)、亚伯拉罕·克劳斯纳 (Abraham Klausner)，以及《胜利之书》(Sefer ha-Nizzahon) 的作者李普曼拉比 (Rabbi Yom Tov Lipmann Mühlhausen)。不难想象，朗根施泰因竭力要向这些拉比指出他们信仰的错误，而且几乎把他们的回应、他们坚持要有决定性的逻辑论辩或圣经证据用来证明基督教的真理。[22] 然而，不管朗根施泰因跟犹太社团建立了哪些人脉，1396 年他已得出以下结论。11 月 25 日，即亚历山大的圣凯瑟琳（文学院的主保圣人）日那天，他向大学社团发表了以下的讲话： 12

> 首先，在道德事务上，异教徒必须乐于默认可能且有说服力的理由（这些理由可以说动任何有理性的人）；如果他是个理性的人，就一定要承认这一点，因为不是所有的事都应该证明是肯定的，尤其是道德事务……若这异教徒不愿服从于这个假设，那么即使是在异教徒的真理探索上他也是盲目固执不通的；因此，是无法经由说理来说服他的。这也就是为什么无法借由论辩来说服这些犹太人，因为他们冥顽不灵。[23]

朗根施泰因视犹太人缺乏理性，与救恩的先兆［亦即"天主圣言"(*Verbum Dei*)］无缘，而且他暗指犹太人是个非理性、迷信又冥顽不灵的民族；他们的语言不堪用作理性论述，只停留在属于魔法符号功能的阶段。朗根施泰因于一年后过世，但是他的著作在维也纳大学制造了一个反犹太的环境，而且代代相传，历久不衰。

中世纪教会权威遇到的最严重的危机是扬·胡司（Jan Hus）这位布拉格教授引起的。胡司因为批评罗马教会而在康斯坦茨公会议（Council of Constance）上被处以火刑。在接踵而来的胡司派暴动（1415—1436）之中，宗教及民族主义运动在波希米亚创造了一个新教派。胡司的激进追随者受到启示录预言千禧年和正义统治即将到来的激励，在塔博尔（Tabor）建立了一个山间据点，创造了一个有"天主选民"自我意识的社团。胡司运动振奋了中欧所有的犹太社团；而教会的四分五裂更似乎意味着等待已久的救世主就快降临了。在犹太人笔下，胡司被誉为神的见证人。布拉格的阿比多·卡拉拉比（Rabbi Abigdor Kara）更是分别用希伯来语和意第绪语撰写了一首赞美诗，颂扬胡司派与犹太人共同信奉的救世主信仰。[24]

天主教*很快作出反应。1419年，在维也纳大学提出了指控，指控犹太人、胡司派及韦尔多派（Waldensians）共谋推翻罗马教会。1420 年 3 月 1 日，教宗马丁五世（Martin V）发动了针对胡司派的战斗。复活节期间，某些维也纳犹太人被控以亵渎圣体的罪名，因而遭逮捕下狱。朗根施泰因的门徒神学家丁克尔斯比尔的尼古拉斯（Nicolaus of Dinkelsbühl）力主强迫整个犹太社团改宗。1421 年 3 月 12 日，约 240 名犹太人因为拒绝受洗，被绑在木柱上烧死。犹太区被废除，殉教犹太人的书与财

---

*　本书大多数地方称基督教（Christian），此处称天主教（Catholic），遵从原文翻译。——译者

产被没收，并被赠给维也纳大学。[25]

多年后，到了 1464 年，即欣德巴赫已获得名声的时候，他收到了一份在帕多瓦印制，题为《犹太人的敌基督》（*Antichrist of Jews*）的预言书，内容宣称有位犹太人敌基督即将降临。[26] 欣德巴赫本人是否和犹太人有个人接触，我们不得而知，但大可说让他深受影响的那个文化与历史时期，正是犹太人被斥为基督徒本质上的敌人的时候，规模虽小但广泛散布于基督教领地内的犹太社团的存在更助长了这一形象的传播。这些基督教领地也包括欣德巴赫的采邑特伦托。

第二章　犹太社团

14　　特伦托的犹太社团共有三户人家。除了这份审判记录，几乎没有任何文献描述了这个小社团的状况。不过，这份审判记录倒也留下了大量犯人的口供笔录和翻译供词，为后代保留了那个社团中男女的声音。从他们讲述的单调乏味的日常生活到惊心动魄的迫害中，我们可以想象他们生活圈未被毁掉之前的情景，并看见他们的生活画面，无论这一画面如何转瞬即逝。

　　特伦托的犹太社团里主要有三户人家，分属于撒母耳、托比亚斯及恩格尔三个家系。大部分犹太人都是不久前由中欧德语地区来的新移民，当时中欧掀起驱逐迫害潮，迫使许多犹太
15　人逃难到意大利。每户犹太人家都有个男性家主，整个家由他主理，并在规模更大的基督徒社团里代表自己的家[1]：家主要支持当局发出的保护令；支付每年的贡赋；在诉讼中代表亲属出面；他们"家里的人"的行为一般也要由他们负责。按照德系犹太人的习俗，在特伦托的犹太家族中，父系亲属共住一个屋顶下，有时甚至五代同堂。[2]除了血亲，各户人家还包括跟这家人生活有关、出入其中的其他人。有些是服侍了这家人十几年的忠仆；有些是日后要做拉比的学生和书记，临时受雇于这家人；还有一些则是浪迹天涯的穷困犹太人，他们在往来中欧和意大利的途中得到了这些家庭的接待。

　　特伦托的三户犹太人之中，最大一户的家主是撒母耳。1475
年，他那户共有十一人，包括十个成人和一个小孩，共同居住在
一栋宽敞的大房子里。最老的成员摩西 80 岁，在他之下的那一代
有两对中年夫妻［45 岁的撒母耳和 40 岁的布吕莱因（Brünnlein）；
40 岁的迈尔和 36 岁的舍恩莱因（Schönlein）］。接下来一代是以
色列（25 岁）、安娜（23 岁）、泽利希曼（19 到 20 岁）。最小的
成员是安娜的小孩，才刚学走路。除家庭成员外，还有两名说德
语的仆人：魏森堡的泽利希曼（Seligman of Weissenburg）之子维
塔尔和厨子泽利希曼（有时也称他的意大利语名博纳旺蒂尔），后
者是纽伦堡的撒母耳（Samuel of Nuremberg）之子。

　　纽伦堡的泽利希曼（Seligman of Nuremberg）之子撒母耳
大约生于 1430 年，他的家境即使称不上富裕，也算得上小康，
因而得以接受希伯来语传统教育。在 1475 年的审讯中，他提
到自己曾于 1445 年在班伯格（Bamberg）及纽伦堡受业于达维
德·斯普林兹拉比（Rabbi David Sprintz）。[3] 和他的许多犹太教
友一样，大概是为了逃避迫害或寻求较好的生活，他离开中欧
来到意大利，于 1461 年在特伦托定居下来。[4] 虽然撒母耳［之
前叫沙尔曼（Schallman）］和妻子布吕莱因［意大利语名布鲁内 16
塔（Brunetta）］改了名字，但还是保留了他们的大部分过去。[5]
参与特伦托审判的文书提到，撒母耳是以德语作答，而不是以
他说得很差劲的意大利语来回答的。看起来，撒母耳家中是通
行双语的：较老的三代人说意第绪语，第四代则通晓双语。撒母
耳的儿媳妇安娜是一个例外，她只懂意大利语，不懂意第绪语，
而撒母耳的孙子大概学习了意第绪语和意大利语两种语言。撒
母耳这一支后裔恰好代表了一个文化转变中的家庭：经由儿媳妇
安娜，这个家族和重要的威尼斯共和国的犹太社团之间建立起
了联系；以色列和安娜两人之间的日常交谈和谈情用的是意大

利语。至于同住在这一屋檐下的另一个家庭则肯定说德语。

撒母耳以放贷为业，他和一家人住在特伦托是受到采邑主教保护的，这项特权于 1469 年由约翰内斯·欣德巴赫重新授予，那是欣德巴赫当选特伦托主教四年之后的事。撒母耳在每年圣诞节都会缴纳"犹太税"，换取欣德巴赫大人恩准保护"犹太人撒母耳及其妻儿、仆役与家中人等，居于特伦托此地"。这个特权的有效期是五年，准予犹太人在特伦托域内居住、旅行的权利，并准许他们从事放贷及典当生意。[6]

撒母耳一家当然绝非特伦托的第一户犹太人家，早在 1403 年，布里克森主教乌尔里希三世就已赐予某个叫伊萨克的犹太人及其家人特权，准许他们在布里克森居住，并可在博尔扎诺（Bolzano）和特伦托放贷。然而，犹太人寄居在特伦托的第一个直接证据是在 1440 年才出现的。记录显示，9 月 3 日，亚历山德罗主教（Bishop Alessandro）曾判决里多的彼得（Peter of Rido）须支付向伊萨克借贷应缴的利息。10 年后，这时的西格斯蒙德已成为蒂罗尔大公，宣称特伦托是他的领地，"埃利亚斯（Elias）及所有在特伦托的犹太男女……享有……一切应有的权利及法律地位……就像该（市）其他公民一样"。[7]虽然不知道撒母耳是否与伊萨克或埃利亚斯有亲属关系，不过犹太人在特伦托的存在证据显示（而且前后不到一个世代），其实他们一开始就招来了怀疑及敌意，这些旧账在 1475 年的血祭诽谤案中都一一浮现出来。

撒母耳的宅子里住了同家族的两房人。主要的一房人即以撒母耳为首的这一房人共有三代：撒母耳本人与其妻布吕莱因，儿子以色列和儿媳妇安娜，还有襁褓中的孙儿。审判记录几乎没怎么提到布吕莱因，因此我们对她所知不多；但儿媳妇安娜提供了有关她生活背景的鲜活证词。安娜于 1452 年出生，是布雷西亚的亚伯拉罕（Abraham of Brescia）之女，在帕多瓦附近的蒙塔尼亚（Montagna）长大。在与父亲共住的 17 年中，她学会了阅读希伯来文和意大利文。[8] 1469 年，她与以色列成婚，结婚地点可能是蒙塔尼亚；一年后，小夫妻移居到特伦托。[9] 不久，这名年轻妇人诞下了婴儿（文献中没有提到孩子的性别），不料这件事却为日后的悲剧埋下了种子。在安娜生产时，撒母耳雇用了基督徒接生妇多罗西娅（Dorothea）助产，她丈夫扎内塞乌斯（即"瑞士人"）为了多罗西娅的接生费而和撒母耳及以色列发生争吵。"瑞士人"更为此事上了法庭，结果获判两镑为偿，他大感不满，仍不断去纠缠撒母耳，以索取更多的金钱。最后，撒母耳给了他四镑，但从此双方交恶，在接下来的几年里，"瑞士人"经常威胁撒母耳。虽说"瑞士人"得以为所欲为，但他心中显然埋下了更深的仇恨。[10]

撒母耳虽然是家主兼族长，但并非家中年纪最大的成员，这一尊荣属于弗朗科尼亚的摩西（Moses of Franconia）。1475 年，"这位老人"（the Old One）已是 80 岁高龄。[11] 他很可能是撒母耳的叔叔。

资料并未讲明这两房究竟是什么亲属关系，不过我们大概可以根据年龄差距和侧面数据推测出来。以色列及"另一个泽利希曼"被称为堂兄弟；双方的父亲撒母耳及迈尔是同一辈人，他们也很可能是堂兄弟。从摩西的供词中，我们可以窥见此人生平背景：40 年前，即大约 1435 年，他住在维尔茨堡（Würzburg）；1445 年，他住在施派尔（Speyer）；到了 1460 年，他在蒂罗尔［哈尔（Hall）和米尔（Mül）］定居。1465 年，他又一次（也是最后一次）搬家，搬到了特伦托。[12] 与他同住的还有儿子纽伦堡的迈尔和儿媳妇舍恩莱因［意大利语名贝拉（Bella）］。[13] 和他们一起的还有孙子泽利希曼（审判记录称为

18

"另一个泽利希曼"或"德意志人泽利希曼")。[14]

除了摩西，这一房人的平均年龄算起来要比撒母耳那一房年轻。迈尔和舍恩莱因于1455年在哈尔结婚，当时舍恩莱因16岁，迈尔极有可能只比她大几岁。[15]据审判记录所述，他们的儿子介于18到25岁之间，想必应该是出生于1455年或1456年。[16]无论他们是因何故迁居至特伦托的，摩西和这第二房人都依靠撒母耳这个家主兼家族生意的主要经营者来养活。

撒母耳的房子有多种功能，由三个空间组成：家人使用的私人空间；撒母耳谈生意、借贷钱财、赎回抵押物的对外空间；以及供犹太社团使用的地方，包括充作犹太会堂的一间厅堂和专供女性净身的净身池。审判记录详细描述了会堂。通往这间犹太会堂的是个保留给妇女用的小前厅；会堂门口面对堂内正中央的诵经台，那是人们在礼拜时念诵摩西五经（Torah）的地方。诵经台后方的空间是保留给撒母耳家中男性的座席，进门左边的空间是恩格尔家男性的立席，右面则是托比亚斯家男性立席；会堂西窗下面的空间则是为虔诚的犹太旅客而设的。[17]

另一户犹太家庭的家主马格德堡的托比亚斯（Tobias of Magedeburg），职业是医生，这家人共有六名成人和四名小孩。托比亚斯是萨克森（Saxony）的瓦尔德堡的约尔丹（Jordan of Wardburg）之子，1462年来到特伦托定居，比撒母耳晚来一年。[18]托比亚斯擅长医眼，在特伦托的基督徒社团中行医13年后，他树立了自己的名声。他与第一任妻子安娜的婚姻似乎子嗣众多，两人育有四个儿子。其中，名为摩西的儿子在1475年被送到学校寄宿（他显然最年长），年龄分别为8到10岁的弟弟约施（Josche）、海姆（Haym）和达维德留在家里。1474年，托比亚斯的太太病逝。他于1475年1月续弦时已将近40岁了。[19]

特伦托1475：一场血祭谋杀审判

　　他的第二任太太萨拉（Sara）是施瓦本韦尔德的亚伯拉罕（Abraham of Schwäbisch Werd）之女，萨拉和托比亚斯一样讲德语，不懂意大利语，但能阅读希伯来语。[20] 她应该比丈夫年轻得多（她在嫁给托比亚斯时 25 岁），但也曾经丧偶。她还是十三四岁的少女时，父亲就已把她嫁出去，对象名叫黑拉斯（Helas），她随丈夫在马尔堡住了六年。丈夫过世后一年，她带着女儿诺慧拉（Norhella）迁到蒂罗尔。四年后，她认识了托比亚斯，因而再婚。[21] 除了操持家务，萨拉还得照顾四名年仅几岁的孩子。

　　托比亚斯聘了一名家庭教师来教导几个儿子。摩西这名"教师"是安斯巴赫的萨洛蒙（Salomon of Ansbach）之子，在审判时，他大约是 19 到 20 岁。[22] 他出生于鲁克林根（Rücklingen）村，距离安斯巴赫大约"两德意志里"。摩西很小就得自力更生。[23] 小时候，他有十年住在纽伦堡，起初的八年寄居在摩西·拉弗（Moses Laff）处，之后在乔舒亚（Joshua）处住了六个月。根据摩西本人自述，当他在纽伦堡时，有七年时间是靠犹太济贫院的救济来维持生活的。[24] 然而，他却学习了希伯来语和读经。他在 1475 年的逾越节来到特伦托，并应托比亚斯之聘，担任他儿子们的家教，为期六个月，以换取食宿和两个金币。[25] 可能托比亚斯还发现这个年轻人对他自己很有用，因为就在他们被逮捕前，摩西和托比亚斯正在书房里阅读一本谈论齐家之道的犹太家主指南。[26]

　　在那个逾越节，还有三个人的命运也注定跟托比亚斯绑在一起：他家中的厨子萨洛蒙——门特兰（Mendlein）之子，原为因斯布鲁克（Innsbruck）人[27]；一对由伦巴第前往德意志的父子约阿夫和以色列，他们中途逗留在特伦托过节。[28] 约阿夫是托比亚斯的亲戚，也是安斯巴赫的泽利希曼（Seligman of

Ansbach）之子。约阿夫就像谚语形容的穷亲戚，和儿子一同于3月23日出现在特伦托，托比亚斯还给了他三四个金币。[29] 由于他穷，审判记录还把他写成了托比亚斯的仆役。[30] 约阿夫是来自弗兰肯的一个犹太穷村民，结了婚也有小孩。他服侍了维尔茨堡的迈尔16年，才存够钱买下一匹马和一辆篷车。他后来为自己工作，在安斯巴赫一带帮人运货谋生。照他自己所说，他从来没学过希伯来语，是个"既不懂祷文也不懂祝福的人，只懂驾驶篷车"。[31] 对于约阿夫和以色列来说，不幸的是，他们也分担了东道主的噩运。

第三户犹太人家的家主是恩格尔。他是个新移民，之前住在布里克森附近的"高尔登堡"［Castle Gauardn，即加瓦尔多（Gavardo）］，与其叔共住了七年，1471年才搬到特伦托。[32] 他父母伯尔尼（Bern）的萨洛蒙和布吕莱因共育有两名儿女：恩格尔[33]及居特莱因［Gütlein，她在审判记录中也叫"博娜"（Bona）］。按照居特莱因1475年的审判供词，大约可以重组出这个家庭的一些背景片段。根据居特莱因后来人生大事的日期来判断，其父在她十三四岁时便过世了，年份应该是1453或1454年。他们的寡母布吕莱因改嫁住在库尼格兰的弗留利（Friaul in Kunighan）的海伊姆（Hayim），带着两个孩子住进了新家。[34]

在库尼格兰住了九年后，成年后的两个孩子走上了各自不同的人生道路。那时，恩格尔大概20岁出头，已经成家，要养活妻子聚斯莱因（Süsslein）和刚出生的儿子，自己闯出人生路；我们看到，几年后即1464年，他和叔叔住在了一起，多半等同于叔叔生意上的晚辈合伙人。他的生意越来越兴隆，次子也在1467年出生。[35]

居特莱因也离开了库尼格兰。1462年左右，她嫁了一个同样名为海伊姆的男人。夫妇二人在曼纳斯（Maners）住了三年

[据她所述，该地距离莫纳尔（Monar）约 16 英里（1 英里约合 1.6
千米）]，生了三个儿子。但海伊姆沉迷赌博，输尽家中财物，
弃居特莱因而去。居特莱因无法养家，于是便回到位于库尼格
兰的娘家。海伊姆上门来找她，并要带她回去，居特莱因拒绝
了。1469 年，她离了婚。[36]

　　1471 年，恩格尔在特伦托创立了自己的生意。这时他三十
几岁，经济基础稳固。也许是因为缅怀过世的父亲，他做好了
担当一家之主的准备，照顾家中所有妇女，包括两度守寡的母
亲和离婚的姐妹。当然，他还有自己的妻儿要照顾。来到特伦
托几年后，他已经有能力雇用两名仆役：一是他侄儿拉撒路，来
自弗留利，是瑟拉瓦的阿伦（Aaron of Seravall）的儿子[37]；另一
个是伊萨克，是"来自维代拉（Vedera）附近的格里代（Gridel）
的犹太人雅各布之子"，这人是个从克勒堡（Cleburg）附近的
福伊茨贝格（Voitsberg）来的移民，1460 年，他还曾在沃尔姆
斯（Worms）上学。[38]

　　这宗谋杀指控发生的时候，恩格尔家中当时共有六名成人
和三个小孩；包括恩格尔本人、聚斯莱因、他们的两个儿子萨
洛蒙和摩西（分别为十五岁和八岁），以及他母亲布吕莱因（应
该有五十几岁了）、姐妹居特莱因以及十岁的外甥（应该是居特
莱因三个儿子中最小的儿子，而且可能是她唯一没有夭折的孩
子），还有他的两名仆人。

　　在其他两户犹太人眼中，恩格尔一家就是暴发户。随着审
讯的进行，供词反映出这个犹太小团体中的不和睦气氛。尽管另
两户家境好的犹太人家接受了恩格尔一家，但实际上这家人在圈
子里的地位比他们矮了一级。恩格尔不像撒母耳、托比亚斯那样
深入学习过希伯来语。事实上，他的姐妹居特莱因还承认自己不
懂希伯来语，这一点就和萨拉及安娜不一样，这两人都懂得阅读

希伯来语；也和舍恩莱因不一样，她能写意第绪语。这几户的仆人也互相嫌弃。我们随后就会看到，在酷刑压力下，他们都曾力22 图把谋杀嫌疑推给别的犹太人家。其中一个重要的细节是，恩格尔家就像撒母耳家一样，都曾雇用"瑞士人"的妻子多罗西娅助产，而且事后同样有过争吵。[39]

不过，这三户人家还是又一次聚在一起庆祝逾越节，既是为了纪念从前犹太人获得解救出了埃及，也是为了期望他们自己将来能获得解救。和特伦托的这个犹太小社团一同做逾越节礼拜的还有几个犹太旅人——这几家人热情接待的朋友、亲戚或者外人。这些访客站在犹太会堂西窗下，位于特伦托这三个家族成员的后面，一起做逾越节的祈祷；这些人包括摩西和拉撒路（两人都被称为"虔诚者"）、达维德、画匠以色列（Israel the painter）、班伯格的摩西和他的儿子伊萨克，全部都是德系犹太人。前三个人在逾越节过后立即离开了特伦托；以色列、摩西和伊萨克则多留几天，结果和东道主一起被捕。[40]

23 岁的画匠以色列是勃兰登堡的迈尔（Mayer of Brandemburg）之子，他是在棕榈主日（Palm Sunday）前一天即星期六来到特伦托的。当时，他从意大利北部回来，正在前往帕绍（Passau），中途接受撒母耳接待，星期六晚在他家过夜。第二天即是棕榈主日，当天他便离开，但才行至博岑（Bozen，今天的博尔扎诺）便伤了左脚。由于无法买到马匹代步，他只好中断旅程。这时，他正好遇到来博岑出诊的托比亚斯，托比亚斯邀他到特伦托过逾越节，顺便等脚伤痊愈。[41]可以想见，以色列欣然接受了这个慷慨的邀请。只是当时的他并不知道自己竟然会在日后的审判中扮演主角。随后，他在特伦托待了十一个月，而不是一星期，其间，以色列想必有过很多抱怨自己在博岑的霉运的时候。他的供词最长又最详尽，然而在这整个戏剧性事件中，他仍始终是个令人费解的人物。

不幸的两父子班伯格的摩西与伊萨克则正处于从拜罗伊特（Bayreuth）前往帕多瓦的途中。摩西虽穷，但是个虔诚的人，他想要把儿子托付给帕多瓦的一个亲戚，然后自己回德意志去。[42] 在特伦托逗留期间，摩西住在撒母耳处，儿子则住在恩格尔家。[43]

作为安斯巴赫的阿伦的儿子，摩西从前也有过好时光。12年前，也就是 1463 年，他在黑希尔珊（Hechelshaim）村（距离拜罗伊特约六德意志里）有自己的家。他上过学，学过希伯来语，家中还有一名女仆戈特尔（Gottle）。[44] 1467 年，他妻子弗赖德（Freyd）过世，自此，整个家就开始垮了。妻子过世的打击令摩西过起流浪生活，居无定所地四处打工，赚取工资。他在乌尔姆（Ulm），在海登菲斯（Heydenfalls，位于弗朗科尼亚）待了五年，和某个叫迈尔的人在一起待了六个月，和儿子莱奥（Leo）一同在"斯贝瓦堡"（Castle Spervall）待了九个月，在位于"皮亚琴察一带"的圣约翰小镇（town of St. Johannis）待了六个月。[45] 由拜罗伊特行进到帕多瓦，一个月时间就够了。为了准备上路，摩西在出发前从纽伦堡的摩西拉比处取得一封信，证明他是个虔诚的犹太穷人，应受接济。[46] 有了此信傍身，摩西和伊萨克沿途得以承蒙犹太社团接待，一直来到特伦托。

特伦托的犹太家庭都住在靠近城墙的德语区，离阿迪杰河很近，距离布翁孔西廖堡不远。事实上，撒母耳和托比亚斯是隔壁邻居，恩格尔家则跟他们二人的家隔了几栋住宅。这一区域人口稠密，房屋接二连三紧邻，街道狭窄，一条条明沟水渠，住在这里的犹太人每天都会接触到他们的基督徒邻居。[47] 屋里的人透过门窗就看得到人来人往；在街上，人们可以听到屋内传出的声响；透过共享墙的开口，两家邻居就可以聊天。

撒母耳和恩格尔由于从事放债，都在自己家里接待顾客、收取抵押物、借出贷款或让人赎回被典当的东西。托比亚斯是医生，因而会到许多基督徒病患家中出诊，开具处方。[48] 这三家人偶尔都会雇用基督徒帮手：嫁给佃户"瑞士人"扎内塞乌斯的接生妇多罗西娅、掘墓者老约翰内斯，以及以犹太人的裁缝闻名的罗珀（Roper）。这些基督徒之中有友有敌。之前已经见到，"瑞士人"绝对不是朋友。不过，撒母耳的隔壁邻居罗珀则是朋友，他常上门来，而且还一起打牌。罗珀的亲戚贝托尔德（Bertold）的妻子安娜似乎也是撒母耳一家的朋友。

表面看来，这几户犹太人家和基督徒邻居都很融洽，但在街坊之中，他们始终如同外人，因为他们的宗教和职业形成了距离。虽然没有任何现存的税收记录，但显然这几户有钱有闲的犹太人家在这工匠与佃农充斥的街坊圈子中是很显眼的。街坊之中也包括了制革匠安德烈亚斯·翁弗多尔本，其妻玛丽亚及他们的儿女，小西蒙就是他们孩子中的一个。

对于特伦托的犹太家庭来说，犹太历 5235 年的逾越节并没有重大的意义，但 1475 年的复活节对于镇上的基督徒来说是意义非常的。方济各会的布道名家费尔特雷的贝尔纳迪诺（Bernardino da Feltre）来到特伦托，于四旬节期间布道，言词间不但清算犹太人的放高利贷活动，同时指责那些和犹太人为伍的基督徒。他预言，恶魔将很快降临到这座城市里。[49]

第三章　死因调查

1475年3月26日（复活节当天），晚餐时间快到了，撒母
耳宅里十分热闹。这个犹太社团的男人们——撒母耳与其子以
色列，还有托比亚斯、恩格尔——正在会堂里祈祷。这户的当
家主妇布吕莱因则在厨房中监督下人做晚饭。[1]她的儿媳妇安娜
已经病了几星期，这时正在房里躺在床上。[2]布吕莱因派厨子泽
利希曼到地窖去打水，地窖与外面水渠连接，除了贮水，也作
为妇女每月净身之所。就在上一个星期四（逾越节那天），萨拉
还做过净身仪式；和她一起的有布吕莱因，以及一名基督徒妇
女，即贝托尔德的太太安娜。[3]

泽利希曼来到地窖里，见到水里有东西。令他惊恐的是，
他认出，那是一具男孩的尸体。他立刻冲回厨房，向布吕莱因
报告所见，两人随即相偕赶到会堂去。这时四个男人刚祷告完
毕，正要走出会堂。他们听完布吕莱因的话，就已经知道那必
然是西蒙的尸体。这两天，谣言满天飞，暗示犹太人要为西蒙
的失踪负责。在星期五波德斯塔派人搜过撒母耳家之后，这群
犹太人就已经商量过，万一有人把一具童尸扔到他们的住宅里，
他们该如何设法避免可能出现的厄运。[4]恩格尔一家是四年前才
搬来特伦托定居的，似乎尤其害怕沾上这些指控罪名。3月24
日耶稣受难日那天，聚斯莱因告诉厨子伊萨克，基督徒圈中正

喊着要为失踪小孩跟犹太人算账[5]，恩格尔则立刻交代伊萨克去检查地窖。第二天，他还是很不放心，又叫伊萨克关上地窖窗子，以防有人把小孩尸体丢进地窖里。[6]

几个男人彼此商量交换意见，认为一定是某些基督徒杀害了这个男孩，再把尸体丢到渠中，任由尸体漂进撒母耳家的地窖里。托比亚斯建议去向当局报告发现小孩尸体的事。也许是为了让大家安心，撒母耳说他很高兴小孩尸体找到了。现在，这件事总算要了结了。三个家主决定一同到波德斯塔那里报告发现尸体的事。[7]托比亚斯首先回家告诉萨拉这个坏消息。萨拉刚做好晚餐，还问托比亚斯要不要先吃过饭再去。托比亚斯说，他要先去波德斯塔那里报告失踪小孩的事。[8]于是，这三个男人便出发前往布翁孔西廖堡，到那里只需步行很短的距离。

这些犹太人也没有多少选择，只能这样做，因为他们在这里生活是仰赖官方鼻息，生计和法律地位完全要靠当权者开恩才能保住，对当权者的俯首听命是出于畏惧而非信赖。来到堡内，这三人给了守卫一个银币，以免被扣押。[9]他们向波德斯塔报完案之后就赶快回家了。

这三个男人出门去报案的时候，三户人家里都乱成一团。托比亚斯家的萨拉先照顾儿女吃过饭，然后便请家庭教师摩西帮忙把家里的银子打包收藏起来。[10]才不过一会儿工夫，她的整个世界就已经天翻地覆。几小时之前，也就是吃过午饭之后，她还开心快活地和别的犹太妇女以及老摩西的孙子泽利希曼在家里打牌。[11]可是现在大家都担心会遭到逮捕。身为母亲，萨拉为这个淹死的小男孩感到难过，但她更担心丈夫会在堡内被逮捕。[12]半小时后，托比亚斯回来了，神色慌张激动。厨子萨洛蒙走进托比亚斯的房间说："我不相信我们犹太人会做这种事。"托比亚斯大怒道："你别替我讲话！你不该说你不相信犹太人会做这种事；你应该发誓说犹太人绝不会这样做！"托比亚斯的客人以色列和雇员摩西都想赶快溜之大吉，但被这位家主拦阻下来。[13] 然后，托比亚斯就去撒母耳家，告诉对方，自己家中人心惶惶；撒母耳却依然信赖当局，告诫他说：若任何人这时跑掉，所有犹太人都难脱嫌疑。[14]

那个星期日晚上，一群人下到撒母耳家的地窖里。托比亚斯是医生，因此由他来主事。他交代"另一个泽利希曼"点起蜡烛带路，又吩咐约阿夫把小孩的尸体打捞上来。[15] 显然托比亚斯有充足的时间验尸，因为在后来的审问过程中，他重述了观察所得：据他判断，小孩是淹死的，身上的刮伤应该是在水渠里漂浮碰撞造成的；阴茎上的伤口则可能是荆棘戳刺导致的。[16]

恩格尔家里则是一片愁云惨雾。从城堡回来之后，他和布吕莱因及聚斯莱因说起这些事，母亲和妻子都哭了起来。聚斯莱因更去向班伯格的摩西请教他们面临着怎样的事态。经过一番讨论，恩格尔和聚斯莱因把他们的黄金白银藏了起来。恩格尔不停来回踱步，他的牙齿打战，就好像发烧一样。晚餐已经做好了，聚斯莱因为恩格尔端来一些饭菜摆在桌上，但他只吃了一点点。恩格尔叫其他人吃饭，可是没有人吃得下。正如家中厨子伊萨克所说，他们全都"面色惨白"。[17] 聚斯莱因又一次快要哭了，摩西 29 对她说，需要发泄时，好好哭一下也没关系。她突然脱口而出："天哪！我真苦命，他们会把我的儿子们带走，让他们受洗。要是我没有儿子的话，就不会感到痛苦了！"摩西设法安慰她："你不要哭得这么伤心，情况或许不会发展得像你想得那么糟糕。"[18] 他的话听起来很空洞，因为他心里有数，知道发现小孩尸体后不会有好结果："人家会恩将仇报，打断他们的手脚。"[19] 聚斯莱因在为儿子们担心，恩格尔则思忖着他的财产的命运。根据班伯格的摩西的供词，恩格尔想要逃离，但又不愿抛下财产。[20]

恩格尔去跟撒母耳和托比亚斯会合。撒母耳家里气氛平静得令人感到诡异。由于年老体弱，老摩西在这场骚乱开始之前就已经上床了。舍恩莱因和迈尔吃过晚餐后也上了床，夫妇俩没有谈及死掉的小孩；在舍恩莱因看来，她丈夫好像既不伤心也不烦恼。[21] 其他人则在地窖中检查小孩的尸体。

　　官员们在晚上八九点钟来到撒母耳家，包括波德斯塔萨利斯的乔瓦尼、长官斯波罗的雅各布，以及他们手持火炬的部下。波德斯塔吩咐他的大块头仆人乌尔里希把尸体送到圣彼得医院。所有在场的犹太人——撒母耳、以色列、托比亚斯、恩格尔、班伯格的摩西的儿子伊萨克、约阿夫及厨子泽利希曼——都被捕了。[22] 波德斯塔盘问他们，然后让他们看尸体，尽管他们辩称小孩是意外溺毙的，但波德斯塔认为他们有罪，照审判记录所言，理由是"遭杀害者会毫不隐瞒地在恶人或凶手面前流血"。[23] 经过几小时的审讯，这些犹太人被关进了布翁孔西廖堡的地牢里。

　　这场逮捕粉碎了所有虚幻的希望。撒母耳家里的迈尔和舍恩莱因被这场混乱吵醒。这些男人被抓走之后，家中很多人都哭了起来。心力交瘁的他们仍然尽力保持几小时的睡眠。舍恩莱因、布吕莱因及以色列三人挤在主厅前厅里的一张床上；病中的安娜则睡在另一张小床上。星期一大清早他们就醒了，彼此承诺要挨过一切折磨痛苦，不招认任何谋杀的罪名。以色列安慰母亲，提醒她说撒母耳在城里有很多朋友，他会去找他们帮忙。更何况，他父亲绝对不会招认自己不曾犯下的罪行。以色列认定"瑞士人"是幕后黑手，因此要求大家揭发这个共同的敌人。他还认为，撒母耳应该会很快获释。[24]

　　在丈夫恩格尔被逮捕之后，聚斯莱因反而恢复了勇气，用德语写了一封信给威尼斯罗韦雷托镇（town of Rovereto）的犹

太人，告诉他们逮捕的事。该镇位于特伦托南面半日路程的地
方。[25] 这个"最平静的共和国"的犹太社团是最有组织、人脉最
好的，将会在救援中扮演重要的角色。

在托比亚斯被带走后，画匠以色列决定马上离开特伦托。3
月 27 日（星期一）大清早，他经过恩格尔家，拉撒路叫他不要
担心，并试图劝他不要逃跑。以色列不为所动，但是答应帮聚
斯莱因带信给亚克（Arck）。他没有走多远就也被逮捕了。[26]

第一轮逮捕之后，波德斯塔萨利斯的乔瓦尼在星期一早上
继续他的调查。他命一名文书起草状书，正式对犹太人提出控
诉。在那之后，波德斯塔在两名医生和一名律师陪同下，来到
圣彼得教堂，传召西蒙的父亲安德烈亚斯·翁弗多尔本前来认
尸，他确认这是自己儿子的尸体，并要求对犹太人展开报复。两
名医生巴尔杜伊尼的阿尔坎杰罗（Archangelo de Balduni）及乔
瓦尼·马蒂亚·蒂贝里诺（Giovanni Mattia Tiberino）验了尸体
上的伤痕。[27] 巴尔杜伊尼医生作证说，他认为男孩应该是上星期
四（即逾越节）晚些时候死亡的。先是他，接着是蒂贝里诺，都
以专家身份供证：从小孩松软的四肢和喉咙没有阻塞物的情况来
看，男孩不是淹死的，而可能是星期五死的，之后尸体在水中泡
了两天。[28] 波德斯塔转而问安德烈亚斯在星期五做了什么。原来 31
安德烈亚斯和他的朋友齐普里安（Cyprian）这两个在星期五曾
游说波德斯塔派人去搜撒母耳家的人，还曾试图亲自监视这一住
宅。[29] 波德斯塔决定采取进一步行动。他下令逮捕更多的人，包
括撒母耳的儿子以色列、老摩西、迈尔、萨洛蒙（托比亚斯的厨
子）、瑟拉瓦的拉撒路、班伯格的摩西、家庭教师摩西、伊萨克
（恩格尔的仆人）、维塔尔和撒母耳的妻子布吕莱因。总而言之，
他逮捕了布吕莱因和犹太社团中所有的成年男性，只有画匠以色
列逃亡在外。其他女眷则都被软禁在撒母耳和恩格尔的住宅里。

波德斯塔这天忙碌异常，讯供了许多人。第一个作证的是巡夜夫安东尼奥罗（Antoniolio），他说他星期五晚上听到撒母耳家中传出小孩哭声。他说先听到歌声，接着是小孩哭声，然后有人先后用德语"安静，孩子"（*sweig pueb*）和意大利语"这样就对了，这样就对了"（*täsi täsi*）哄小孩安静下来，当时，他以为大概是某一个犹太小孩在哭。[30]

调查人员随后又去调查撒母耳家。引水到撒母耳家地窖的水渠其实是通向街上的；西蒙的尸体大有可能从邻舍经由水渠漂过来。然而，邻舍房主内泽·莱德（Neser Leder）告诉波德斯塔，他从来没有见过这个小男孩。[31]

回到堡内后，波德斯塔听取了三宗陈述，这更令他认定犹太人难辞其咎。被关在布翁孔西廖堡里的费尔特雷的乔瓦尼（Giovanni de Feltre）是一名改信基督教的犹太人。被问及犹太人举行礼拜仪式时需要用到基督徒鲜血一事是否属实，7 年前受洗的乔瓦尼很不情愿地重述了一个故事，说是 15 年前从他父亲沙舍特（Schachet）那里听来的。他父亲以前住在巴伐利亚的兰茨胡特（Landshut, Bavaria）。1440 年，45 名犹太人因为杀害基督徒儿童的罪名而在巴伐利亚被烧死，不过沙舍特幸逃此难。在被问到他父亲有没有用过基督徒的鲜血时，乔瓦尼起初很不愿回答。最终，他说他父亲以前在逾越节来临前，会把血加到一杯葡萄酒中，在吃晚餐前洒在饭桌上，并且诅咒基督教信仰。做逾越节吃的无酵面饼时也加血，尽管乔瓦尼声称自己并不明白个中的含意。[32]

第二宗陈述来自一名德意志妇女玛格丽塔（Margaritha），绰号"金发格蕾琴"（Blond Gretchen），她不会说意大利语，因此官方指定由文书弗雷德里科（Frederico）做口译。她手按圣经起誓后，便讲起她的故事。14 年前，也就是 1461 年，她那未满三岁的儿子约阿希姆同样在耶稣受难日那天失踪了，她到处找都找不到。后来在别人力促下，她去找乔格·哈克主教（欣德巴赫的前任），请求他派人搜查撒母耳家。虽然什么都没有找到，但她留意到撒母耳家藏物棚屋里有个秘密的地方。于是，星期六，她自己一个人溜到棚屋那里，大喊儿子的名字，结果听到儿子回应她："妈妈！"金发格蕾琴于是跑去找神父，一起回到撒母耳家的棚屋，在柴堆底下找到了安然无恙的约阿希姆。虽然男孩看起来没有受伤，但在两个月后死了。金发格蕾琴接着说，当时撒母耳否认知情，还说很可能是小孩自己溜进棚屋里的。在总结供词时，金发格蕾琴说撒母耳目前家中的仆役她一个都不认得，只认得布吕莱因及他们的儿子以色列，约阿希姆失踪时，以色列还是个小孩子。[33]

第三个作证的是另一名叫玛格丽塔的妇女，她是汉斯·莱雷德尔（Hans Lederer）之妻。被问及对安德烈亚斯儿子遇害一事是否知情时，她回答没听到过可疑的东西，不过倒是记得耶稣受难日那天大约第三小时，当她站在街上和特罗巴（Trobar）的妻子聊天（特罗巴家正好就在撒母耳家对面）的时候，她曾听到男孩的哭声，但是不知道是从哪里传来的。接着，她还向特罗巴的妻子说："听起来像是安德烈亚斯儿子的声音。"之后她就回家了。在进行进一步质询时，玛格丽塔坚称她认出了西蒙独特的抽泣声，跟别的小孩不一样。对于波德斯塔来说，这似乎是结案的依据，并确定了犹太人有罪。[34]

从表面上来看，波德斯塔是根据正常程序来着手处理初步调查的。一宗谋杀案的审问（inquisitio）是由有关当局开启的，他们询问了医科专家及可信证人。然而，审问程序是建立在假设执法官具有充分权力去调查任何"恶名昭彰者"（mala fama）且证词是由可靠的基督徒见证人提供的基础之上的。从定义上来说，犹太人就是恶名昭彰的人。

在现实中，无论司法程序在其初期如何要求谨慎，到头来都会被反犹太的偏见压倒。在这群权威人物之中，波德斯塔萨利斯的乔瓦尼与医生蒂贝里诺都是布雷西亚当地人，费尔特雷的贝尔纳迪诺正是在这里布道攻击犹太人放高利贷的。费尔特雷的贝尔纳迪诺于四旬节的反犹太布道言论在特伦托制造了一种气氛，使得指控犹太人的血祭诽谤案容易被人接受。邻里之间，一旦找到了尸体，杀害小孩的谣言理所当然地转成了嫌疑，即使事情还不是绝对肯定。于是一夜之间，原本熟稔、算得上亲近的犹太邻居变成了陌生的凶手，旧有的偏见则似乎因为又一宗"犹太人罪行"而得到了证实。萨利斯的乔瓦尼已经做好准备，要开始审问了。

第四章　酷刑室

巍然耸立于特伦托的布翁孔西廖堡建于 1239 到 1255 年之
间，是一座令人生畏的要塞。14 至 15 世纪，这里曾经被改造
过几次，它也是在那时成了采邑主教的府邸。虽然内院及面向
市内的门面都增设了新窗户和通道，但这座木材与方石建成的
城堡仍不脱其庞大据点的本色。布翁孔西廖堡与城墙连为一体，
共有三层高，划分成不同功能的房间厅堂；采邑主教、长官和
波德斯塔在堡内各有所属范围。高耸在城堡建筑群中的圆塔是
这城市的防御重镇，厚厚的石墙里是一间间牢房和酷刑室。

近代早期欧洲的司法体系认为审讯是免不了拷问的，但有一
套特定的程序，这是为了防范热心过度的官员虐待疑犯。15 世纪
特伦托市法规定：波德斯塔拷问嫌犯时，必须同时有两名市民委
员（*Gastaldioni*）在场，如波德斯塔用刑过度，必要时，市民委员
有权干预。[1] 最普通的刑罚是吊刑，即用长绳反绑犯人双手，再用
滑轮把犯人吊到半空中。犯人在离地几英尺（1 英尺约合 0.3 米）
的地方悬空摇晃，面向法官，法官身旁的文书负责记录对话，狱
卒则兼任施刑人。由于司法程序容许逐渐加重刑罚，受刑人若拒
绝招供，施刑人会突然松掉绳子（*cavalete*），这一做法往往会重
复好几次。耶希瓦手稿中，文书也将之称为"让犯人跳跃"。如
果这样做还不奏效，就再施加其他令人更痛苦的刑罚，例如猛地

移动绳子（*squassatio*）或是在犯人凌空摇晃的脚上加上重物。

　　特伦托这群执法官早已认定这是一场血祭谋杀，于是想出了一个策略去套取供词，即首先审问撒母耳家中的下人。他们认为，只有在击破从犯之后，才能审问主谋，即三个犹太家主。

　　3月27日，以色列的亲戚"另一个泽利希曼"第一个出现在执法官面前。[2] 未满20岁的他见到酷刑室就吓坏了。正如当时记录的文书告诉我们的那样，经过初步审讯后，"波德斯塔见他不肯说真话，便下令剥掉他的衣服，绑住他再吊起来"。[3] 在双手被紧紧绑住的情况下，惶恐的泽利希曼说他会"从实招来"。为了自保，他捏造了一个故事，而这个故事透露出这个小犹太社团内的紧张矛盾。他告诉执法官们，恩格尔的仆人伊萨克曾告诉他说自己杀了那个小男孩。他说，是"瑞士人"把活着的西蒙带到恩格尔的家里的，还收了20个银币作酬劳。他还说，是伊萨克在西蒙颈上打了一拳，打得西蒙吐血，而且"瑞士人"是把男孩抱到撒母耳的家中的。[4] 供出"瑞士人"的名字当然是意料之中的事。一直以来，他和犹太人有仇，并且很可能是这次控诉的发起人。虽然是为了自保，但泽利希曼把主谋推到恩格尔一家上的尝试透露出这个社团中两个旧移民家族和一个新移民家族之间存在的紧张矛盾。

　　下一个接受审讯的是厨子泽利希曼，西蒙的尸体是他发现的。3月28日，泽利希曼被带到酷刑室。面对他的包括波德斯塔、长官、市民委员安东尼奥·杰鲁瓦西（Antonio Geruasi）、布里根的奥多里希（Odoric von Breggen）、卡拉频的汉斯（Hans von Calapin）以及其他人。[5] 他们问他：耶稣受难日那天有没有基督徒到过撒母耳家？他回答说，克劳斯·梅兹格（Claus Metzger）夫妇来过，为了赎回典当物。[6] 长官对初步审讯感到不耐烦，于是下令剥掉泽利希曼的衣服，把他绑起来并

36

吊高，要泽利希曼从实招来。[7] 悬空晃了一阵子后，执法官命人放他下来，给他一把椅子坐，要他重述找到男孩尸体之后撒母耳家中的谈话。执法官问，为什么那些外地来的犹太人不逃走呢？泽利希曼回答说，因为他们觉得"邪恶"不会降临在他们身上。[8] 总体而言，这次审问始终没有问出什么结果，执法官虽然施加了相当程度的压力，但泽利希曼始终没有招供。然而，他们已经问出够多的信息，足以继续，而且决意要用更严酷的刑罚。

第二天，3月29日，高塔守卫汉斯把另外两名囚犯带到执法官面前。撒母耳的仆人维塔尔马上指控是"瑞士人"谋杀西蒙，再嫁祸给犹太人的。[9] 据维塔尔说，"瑞士人"的太太为撒母耳的儿媳妇接生，后来因为不满工资而对簿公堂。在输了官司之后，"瑞士人"就时常恐吓撒母耳。但是执法官不想听这个故事；他们想要的是"真相"，于是对维塔尔施吊刑。当天稍后的时候，他们也盘问了撒母耳的儿子以色列，后者坚称不知道逮捕自己的理由。当然，他也遭遇了酷刑。[10]

接下来，执法官们就来对付他们心目中的主谋，即几户犹太家庭的家主。3月31日（星期五），他们盘问了撒母耳和恩格尔。撒母耳从布翁孔西廖堡的牢房里被带到长官的房间内，他很清楚自己被逮捕的原因，因此很冷静地复述在地窖找到西蒙尸体的经过。[11] 由于这场盘问没有获得预期的进展，执法官便下令把撒母耳转移到酷刑室，在那里重新继续审讯。血祭谋杀这一主题马上又出现了。文书记录了以下这番对话[12]：

> 问：他（撒母耳）这辈子有没有听说过哪个失踪小孩是被犹太人抓走或杀害的？
>
> 撒母耳：没有。只有一次，是在四旬节期间，赫

尔曼（Hermann）有个小孩失踪了。他曾被要求帮忙找小孩，但他拒绝了。后来，小孩找到了。

记录在这里告诉我们，撒母耳被勒令吊起来。

> 问：有没有人在圣周四或耶稣受难日找过他（撒母耳）？
>
> 撒母耳：有个农民来过，他不记得这人的名字。他认为犹太人没有杀害这小孩；小孩一定是溺水而死的。
>
> 问：他们之中，谁是神父？
>
> 撒母耳：没有神父。
>
> 问：谁负责主持圣礼及领唱？
>
> 撒母耳：在仪式上没有层级之分。

盘问的方法透露出了执法官们的想法。他们早已认定了这宗罪案的"真相"，只是需要建立这无人性行为的动机，其解释必须与犹太教见不得人的秘密挂钩。

在审问约阿夫的时候，执法官继续用同样的手法对付他。[13] 由于是他把尸体捞出来的，波德斯塔问他，小孩一开始为何会在那里。约阿夫虽然被吊在绳索上，但他仍坚称犹太人是受人陷害的："犹太人并没有杀害基督徒小孩。他只从基督徒处听过这一指控。"没过多久，约阿夫因为受不了痛楚，于是说愿意讲出真相。然而，在酷刑的恐吓下，他并不知道他们究竟指望他说什么；执法官则把他的支吾视为心虚的表现，于是继续对他用刑。文书为后世记录了这场荒谬的文字游戏：

> 问：他是什么时候在犹太会堂里的？

> 约阿夫：他说他不记得，而且对男孩的死全不知情。
>
> 问：别人根本还没问他什么，他为什么要提到男孩之死？

同一天里，执法官审讯过恩格尔两次，但即使在酷刑下，他还是什么都没说。[14]

执法官也讯问了基督徒证人。在泽利希曼指控"瑞士人"是儿童杀手后，当局拘捕了"瑞士人"。三天后，即 3 月 31 日，执法官审问"瑞士人"。其妻多罗西娅很可能也被带去问话了。[15]作为一名劳工，"瑞士人"为主教座堂的司铎老爷雅各布耕种。[16]这种佃农制在特伦托很常见，这个地区有很多葡萄园，而且是蒂罗尔主要的葡萄酒出口地。[17]

在没有用刑的审讯之下，"瑞士人"详述了自己在圣周四到圣周六期间的行踪。他说他在城墙外的山坡上辛勤耕田，也提到和朋友齐普里安、贝托尔德及其他人一起在家吃饭。他重述了自己所听到的有关失踪男孩的流言，有人说小孩是溺死的，有的人则说，当局应该去搜撒母耳的家。他用供词描绘出了他的邻里环境，这是个拥挤的公共空间，有很多沟渠、紧邻的房舍和共享墙，墙上有窗、洞孔及缺口。他一一陈述去过很多教堂，为的是去望弥撒并领受大赦。他叙述和朋友齐普里安曾搜寻男孩到很晚，用火把照亮黑暗的沟渠。他告诉波德斯塔，那对忧心的父母曾请女占卜师（vaticinatrice）占卜失踪小孩的下落。通篇供词中，"瑞士人"都毫不掩饰他对犹太人的厌恶。他提到，他曾因妻子工资的事和恩格尔发生过争执，但补充说此事已经解决。他藐视那些和犹太人为伍的基督徒，指责裁缝罗珀将基督徒之间的事都告诉了他那些犹太朋友。他向波德斯塔暗示，很可能是曾帮犹太人工作的掘墓人老约翰内斯把小孩带到撒母耳家里的。

　　"瑞士人"有现成的不在场证明。在圣周四，即所谓谋杀案发生的那天，他声称自己一整天都在葡萄园里工作。多罗西娅进一步证实了他的不在场证明，告诉执法官们那天她到田里给她丈夫送过饭。执法官对他们的供词感到满意，因此没有用刑。对"瑞士人"的盘问唯有这一次，而且是按照审案程序进行的，尽管一直到 4 月，"瑞士人"才获得释放。[18]

　　波德斯塔的偏见从他对待"瑞士人"和罗珀两人的不同态度上得到了明显的体现。萨利斯的乔瓦尼根本就不认为"瑞士人"是嫌疑犯。他只审了"瑞士人"一次就放了他，而且没有动刑。然而，他怀疑罗珀是犹太人的同谋，并加以拷问。罗珀在 3 月 31 日被逮捕，4 月 2 日及 7 日遭审讯，第二次审讯时更被施以吊刑。[19]罗珀详述被问到的那些日子的行踪，在酷刑之下，仍然不改答案。他的朋友沃尔夫·霍尔茨克内希特（Wolf Holzknecht）为他作证，于是波德斯塔在 4 月 18 日释放了罗珀。[20] 在审问过程中，罗珀尽量淡化自己和犹太人之间的关系。罗珀的这一做法可以理解，但诚如我们所见，他是撒母耳及其家人的朋友。在后来的审问中，老摩西说记得逾越节前几天，有个裁缝来过撒母耳家中赌钱，在打牌输了 20 个达克特后，还发誓再也不赌钱了。老摩西不知道那个裁缝的名字，但那人很可能就是罗珀。[21] 尽管坐牢、受酷刑，但罗珀依然坚定地站在这些犹太家庭一边。

40　　在 4 月第一个星期的审问过程中，突破点出现了。经过星期日休庭之后，执法官在 4 月 3 日（星期一）再度开审，决定加重用刑。对于囚犯来说，这等于说他们尚未从之前的审问中恢复元气，紧接着又要面对另一番折磨煎熬了。波德斯塔重新审问了撒母耳、恩格尔和维塔尔；托比亚斯、老摩西和迈尔则首次受到吊刑。

维塔尔在接受了两次刑讯审问之后便崩溃了。他坦白说，自己会讲出"真话"，但是他又说不出什么执法官想听的细节。[22]波德斯塔于是全力加紧对三个犹太家主的逼供。

撒母耳挨过了折磨，并且没有招认。他吊在绳上，说自己认识"金发格蕾琴"，但否认对方曾经指控他绑架她儿子。他声称自己没有做任何坏事，告诉执法官说他们对他不公正。在被吊在半空中摇晃的时候，撒母耳问波德斯塔在哪里读过或听人讲过犹太人在仪式中要用基督徒的血。萨利斯回答说，是从犹太人处得知的，还大叫着要知道"真相！真相！"文书记录了以下的情景：

> 他（撒母耳）回答：他已经说出来了，而他们是在不公正地对他用刑。就在这时，（他们）下令让他跳跃两三个手臂长的距离。他就这样被吊着，说："愿身为真理、常施拯救的天主拯救我！"在他被吊了差不多三分之二个小时后，执法官们才下令放他下来，押回牢房里。[23]

4月7日（星期五），撒母耳又一次被盘问。执法官们铁了心肠要严办。撒母耳被绑在吊刑刑具上晃了15分钟，他双脚被绑上木头，绳索还不断忽然放松坠下，又忽然抽紧吊高。此外，人们在他鼻下放了口煎锅，锅内有硫黄。至此，撒母耳已到了人类挨苦的极限。撒母耳招认说，参与谋划的只有他和托比亚斯两个人，他们用手帕把小孩闷死了。这无疑是为了多救几个人。然而，执法官们对这个答案并不满意，他们想知道伤口是怎样来的。撒母耳的答复可能是一种辛辣的讽刺："我已经说了真相。"[24]

恩格尔在第二天招供。经过4月3日和4月7日两天的审问和折磨后，4月8日（星期六），恩格尔又被带到酷刑室。在一再受到折磨后，他终于意志崩溃，向执法官描述了"罪行"。三个家主合谋要抓一个基督徒小孩以取其鲜血。托比亚斯亲自绑架了西蒙。恩格尔看见小孩尸体在诵经台上，但不知道他是怎么死的。至于这个所谓血祭谋杀的动机，恩格尔解释道，当年犹太人祖先逃离埃及时，红海变成血，摧毁了埃及军队，那时犹太人就用血来庆祝逾越节了。[25]执法官认为自己终于看透了犹太仪式的隐藏含义，因此感到满意，于是放过恩格尔，让他回到阴暗的牢房中，休养受伤的四肢。

迄今为止逃过了拷问者绳索的托比亚斯现在开始面对执法官的怒火。耶希瓦手稿的编写者认定他是"特伦托烈士西蒙无辜鲜血的叛徒和售卖者"。[26]每出耶稣受难复活剧都需要有一个叛徒；每个耶稣式的烈士都得有个犹大。在特伦托医治基督徒的医生托比亚斯正悲情扮演着这一角色。

他的第一场审讯是在4月3日，似乎颇顺利。托比亚斯在长官的房间里面对着执法官，叙述尸体如何被找到、犹太人之间的对话，以及他们去通知当局发现尸体的决定。身为训练有素的医生，他也主动提出对死因及尸体伤口的看法。执法官们宣布休庭，去吃晚餐。在晚餐过后，他们把托比亚斯转移到酷刑室里。托比亚斯被吊到半空大约半个小时，与此同时，拷问者也在"一再反复摇晃绳索"，但他的答案不变。之后执法官派人押他回到牢房里。[27]

4月7日，托比亚斯再次遭到盘问。在被问到是否听说过犹太人杀害基督徒小孩时，托比亚斯回答说：他只从基督徒那里听说过，而且这指控并不是真实的。执法官们问他圣周四（即所谓的谋杀案发生的当天）那天的行踪。波德斯塔对托比亚斯的答复感到不耐烦，于是下令把他高高吊起。在那个高度，摇

晃绳子大可造成他肩膀脱臼。托比亚斯惨叫着说，他会说出真 42
相，恳求放他下来。"他被放了下来，"文书告诉我们，"但看起
来他已经完全失去知觉或垮了。当他开始恢复神志时，波德斯
塔要他讲出真相。"[28] 由于托比亚斯几乎无法讲话，萨利斯的乔
瓦尼暂停审问，第二天再说。

　　星期六，当托比亚斯再回来接受审问时，他的身心都崩溃
了。执法官们认为终于突破了案件的核心，于是继续于星期六
及星期日在托比亚斯身上下功夫，套取所谓的血祭谋杀的完整
叙述。[29] 4月8日和9日这两天，托比亚斯编造出了这个谋杀故
事。文书适时记录了这个故事，很可能还对之添油加醋。内容
如下：逾越节前夕，撒母耳提议应该弄个小孩来，这差事落到
了托比亚斯头上。他甜言蜜语地哄西蒙跟他走，然后把这个祭
品交给撒母耳。逾越节当天，老摩西捂住小孩的嘴，其他人则
用针刺小孩并扯掉他的肉，收集鲜血后分给每个人。之后，撒
母耳和伊萨克将尸体丢到水中。在谋杀过程中，托比亚斯不在
场，只有拉比们知道仪式是怎样进行的。在提出这些指控的执
法官的脑海中，托比亚斯的招供印证了"真实罪行的场景"。执
法官随后对其他罪犯行刑逼供以获得更多细节时，所有的盘问
都是跟着这个大纲走的。这个想象中西蒙受折磨的情景，不但
令他们觉得对犹太人用刑逼供有必要，而且是合理的。再加上
义愤填膺的基督徒在这个幻想的故事上加油添醋，这个虚构的
故事慢慢变成了特伦托血祭谋杀的历史。

　　即便是80岁的老摩西也没能逃过酷刑，尽管执法官们传召
了医生开普伊斯的阿尔坎杰罗（Archangelo von Capeis），让他
出席审讯。被问到为什么逮捕他的时候，老摩西沉默了一会儿，
然后说："在这小孩丧生的事情上，假如他和其他犹太人都不清
白的话，那么天主就再也不会帮助他了。"老摩西又说（根据文

43　书的记录）："《十诫》禁止杀人，而且摩西（先知）也禁止犹太人吃血；当他们宰杀畜生时，首先便要放血。"老摩西希望借历史说服执法官们，他告诉他们，在 35 年之前，即 1440 年，在梅拉（Meran，特伦托北部附近的德语市镇），有一个仇视犹太人的人曾经"嫁祸"给犹太人，把一具小孩尸体丢到一名犹太人家里，然后到长官面前诬告他们，长官差点要对那个犹太人动刑。然而，犹太人什么也没有隐瞒；长官也逮捕了承认陷害犹太人的基督徒。但是，执法官们并没有被这个道德故事打动，照样下令吊起老摩西。[30] 3 日后，即 4 月 7 日，执法官们在同一间房内吊起老摩西之子迈尔。尽管一再施刑，迈尔仍然拒绝招供。[31]

在撒母耳于 4 月 7 日招供之后，执法官们在 4 月 9 日对他的儿子以色列二度用刑，酷刑逼得以色列指控自己的父亲出 100 个达克特买基督徒小孩。为了避免吃更多苦头，以色列捏造了一个长篇故事，说他们怎样折磨西蒙，以及如何弃置尸体。[32]

审判至今，当局只取得一堆乱七八糟的口供，无论是杀人动机还是折磨手法，都是互相矛盾的，还有互相包庇的供词。于是，当局决定要追根究底，将这桩看似没有尽头的暴力事件查清楚。为了达到目的，执法官们加强用刑，从 4 月 10 日至 16 日，总共刑讯审问 18 次（超过了前一星期的 15 次），在 15 个囚犯中，有 11 个被送上了吊刑刑具。在这个阶段的审判中，执法官的行为有三个特点格外明显：首先，在每场审问之间，他们不给犯人休息喘息的机会，反倒加重用刑并拉长时间；其次，他们坚持盘问"逾越节晚餐"（Seder）的详情，力图重建西蒙痛苦死状的每一个细节，找出鲜血代表的每一个意义，费尽心思记录下每一个与这宗想象仪式谋杀扯上关系的希伯来文用字；第三，他们鼓励犹太人互相出卖，以便逃过更进一步的刑罚。

　特伦托 1475：一场血祭谋杀审判

　　有些犹太人在面对酷刑的惨叫声和逼供时仍坚定不移，一　44
再表明自己是无辜的；有些则崩溃，在这宗虚构的血祭谋杀案的
荒唐布局中责备自己或他人。仍有些人会在神志清醒时或在遭受
吊刑后的喘息时间内翻供，结果只招来了更严重的刑罚。有几个
人想认罪，但由于没摸清执法官脑中预设的脚本，无法顺着他们
的意思编造，所以继续受折磨；少数几个绝望地抓住现实不放的
人则设法要把所有罪行揽到自己身上，以便让亲爱的家人或亲属
脱罪，他们愿意在这个必须有人赔命牺牲的局面中做受害者。

　　此时，一共有六名男性遭到审讯。执法官们现在要攻陷他
们最后的防线，套取符合托比亚斯所描述的犯罪场面的口供。
终于，4 月 10 日，他们取得了两个泽利希曼的口供。在反复的
酷刑折磨下，且这一折磨已经超出了合法用刑的极限的情况下，
厨子泽利希曼终于认罪了：他描述了逾越节晚餐的仪式。仪式
中，老摩西、托比亚斯及撒母耳用针刺男孩，然后用镊子撕下
他的皮肤，这个嗜血犹太人的故事总算满足了这群怒火冲天的
执法官。[33]"另一个泽利希曼"在酷刑之下将杀死西蒙的罪推给
族人撒母耳。[34]然而执法官想要知道详情，于是第二天又对泽
利希曼用刑，更利用问题引导，并强迫他说出一个让犹太会堂
变成"恐怖之室"的故事，在那里，犹太人于耶稣受难日向西
蒙施加了多种虐待。供词中最小的地方也跟执法官脑海中仍很
鲜明的厨子泽利希曼的证供相吻合。抄写员仔细地将《哈加达》
中所有的希伯来语都音译下来，因为在这场想象的血祭谋杀当
中，犹太人应当一直念诵《哈加达》，直到小孩"咽下最后一口
气"，按审判记录的说法是"（小孩）死时呈十字形，时间是耶
稣受难时的同一小时，头歪垂一边"。[35]这些字眼到底是泽利希
曼说的，还是执法官、文书说的？后人无法知道这些话究竟出
自谁的口，就像想象世界里的施虐者和受害者化为一人一样。

身为以正义为名的严厉监工，法官们可能自感满足，认为这些冥顽不灵的犹太人，在经过刑具伺候之后，终于明白了审判的意义。他们此时讲得出基督徒殉道者的语言，然而讲得并不完美，这也难怪，毕竟不是他们的母语。最重要的是，他们正为这些基督徒法官翻译犹太仪式隐藏的含义（法官们对此既感到惊恐又着迷）。对于基督虔信仪式来说，犹太仪式是邪恶的符号、谋杀的话语和反面语言。就连顽固的恩格尔此时似乎也明白了。4月10日，他们再次对恩格尔用刑，这一次恩格尔招供了。在耶希瓦手稿中，编写者特别用红墨水标示出恩格尔招供认罪的部分（有别于一般用黑墨水写成的对谈记录）："之后，他就从实招来了。"[36] 恩格尔重复念希伯来祷文，说出西蒙痛苦又漫长的死亡过程，他们怎样收集他的血，以及怎样处置尸体。在被问到西蒙身上伤口有什么意义的时候，恩格尔说那是为了与摩西对埃及人的诅咒相对应。很明显，这答案极大地满足了执法官们，因为他们到此就停止了用刑。对于自己，恩格尔虽然已经听任命运的摆布，但是仍设法维护家人，告诉执法官说妻子和其他的家人都不知道这场血祭谋杀。

托比亚斯也设法拯救妇女。4月17日第五次审问时，被问到逾越节那天有谁在场时，他回答说，杀人时女性都不在场，因为她们没有来做礼拜。[37] 执法官决意要弄清犹太仪式的秘密，于是细致地询问托比亚斯某些手势和希伯来文字的意义，尤其是用来针对埃及人的《哈加达》诅咒。这一切都由文书丰多的汉斯巨细靡遗地记录了下来。按照执法官的推理，要是西蒙是在这年的逾越节被杀害的，那么之前究竟有多少个无辜的基督徒小孩已经丧生在这些犹太人的手中呢？一次所谓的谋杀激起了对于更多杀人事件的想象。一件罪案调查演变成基督徒对犹太仪式的描述，现在为了要将此过程本身合理化，更开始创立起一段腥风血雨的历史。

　　就像所有优秀的"民族志学者"一样，法官们着手研究起 46
这些他们刚刚从被折磨的犹太人证词里重组出的行为现象的根
源及历史：

> 问：他做家主多久了？
>
> 托比亚斯：大约有 13 年。
>
> 问：这些年来，他都是怎样弄到基督徒的鲜血的？
>
> 托比亚斯：他从来都不需要用到基督徒的血，直
> 到他和撒母耳、恩格尔、摩西一起讨论而带起了这个
> 话题。

　　波德斯塔对这个答案很生气，于是下令送托比亚斯进酷刑
室。托比亚斯大叫道："看在天主的份上，不要这样做！我会从
实招来。"[38]
为满足对他施加刑罚的人并逃避进一步受苦，托比亚斯添油
加醋地捏造出他的故事：是的，四五年前，他付给虔诚犹太人亚
伯拉罕一个银币，以换取基督徒的血。这个细节还是无法满足波
德斯塔，于是再度施压以便这个故事听来更"真实"。托比亚斯
于是开始形容亚伯拉罕（可能是他认识的某个人）的模样，"大
约 35 到 40 岁，面色苍白，蓄着半长不短的胡子，披灰色斗篷，
戴黑帽"。执法官想知道更多，于是托比亚斯继续说，"六七年
前"，加入更多带有异域色彩的细节，"在皇帝访问威尼斯的时
候，他也在那里。有个来自干地亚（Candia）* 的犹太人，是皇室随
从中的大商人，专卖糖和血。这个不知名的男人蓄着长胡子，穿

---

* 今称伊拉克利翁（Heraklion）。——译者

着很好的外衣，年龄在 45 到 50 岁之间，但姓名不详"。[39] 波德斯塔对这个故事深感满意，于是不再用刑，继续盘问了托比亚斯一阵子，便结束了审讯。盘问满足了对叙述细节的需要；它建构出了一个"真实的故事"，有角色、情节和动机。当天稍晚的时候，其中一个陪审员泰尔拉科伯爵（count of Terlaco）用德语向托比亚斯宣读了基于拉丁语笔记的供词。[40] 托比亚斯承认了这个版本的记录，因为他实在记不起他讲过的那一堆故事。在他的案例中，讲故事的人本身是没法决定故事内容的，只有听众才有这个权利。从任何意义上来说，这都是他最后的演出。

那些受尽折磨的人终于学会乖乖表演执法官指派给他们的角色。4 月 12 日，维塔尔第四次被带到酷刑室，虽然人们反复以吊刑拷问他，但他仍然撑了下去。[41] 第二天，执法官们根据托比亚斯的证供问了维塔尔一些诱导性的问题。维塔尔崩溃了。他谈及了这桩"谋杀"的相关情况。但是当长官要他指证以色列时，"他没有回答，只是以空洞的眼神望着长官"。[42] 这种不合作的态度导致了用刑。4 月 14 日，执法官们继续用刑。[43] 在连续受了四天吊刑后，到了 4 月 15 日，维塔尔承认他参与了折磨西蒙的行动。[44] 于是法官们给了他三天休养时间作为奖励，4 月 18 日到 22 日又把他吊到刑具上。[45] 在一次次"跳跃"、一声声惨叫之中，维塔尔学会了剧本里的几句台词：是的，男孩被针刺了，基督徒的血被用来做无酵面饼，男孩被凌辱了，西蒙的尸体被摆在诵经台上，还有其他犹太人已经排演熟练的细节。

迈尔理解用刑逻辑的速度更快。4 月 11 日，当他被吊在绳上的时候，他就顺着官方版本说出虐待西蒙的经过，并回答了许多有关使用基督徒鲜血的质问：他们让基督徒流血，是为了奚落耶稣和做无酵面饼，此外他还增加了另一段捏造的买卖鲜血的"历史"：四年前，他曾向萨克森的雅各布（Jacob of

Saxon）买血。[46] 4 月 17 日，迈尔听了用德语宣读的指控和他自己的招供；他签署了认可，实际上，等于签署了自己的死刑执行令。[47]

随着越来越多的犹太人受到酷刑，血祭谋杀的描述越来越令人心惊。这些囚犯似乎将他们所经受的痛苦化为创作力，一则为免于酷刑，一则为满足基督徒施刑者有关凌虐死童的暴力索求。例如，在 4 月 14 日的审问当中，迈尔承认目睹血祭谋杀之后，又向执法官们解释说，这些行为是为了奚落耶稣基督。[48] 在连续四天受酷刑之后，维塔尔崩溃了，承认他亲自折磨男孩。[48] 接着经过 4 月 18 日和 21 日两度受刑后，处于极度痛楚中的他神智错乱，叙述了西蒙在逾越节受的漫长的苦痛。[49] 想象中的犹太会堂里的折磨和在酷刑室真正受的苦合二为一，痛苦的逻辑创造出了自己的一套话语并自我证实了。维塔尔确认了执法官从托比亚斯处取得的证供中的所有细节，并指控这名医生是最血腥的刽子手。

但是，并不是一切都很顺利。在这些狂乱的审问中，折磨的机制有时会失灵，至少在进一步审讯撒母耳的儿子以色列时就是如此。4 月 13 日（星期四），执法官们盘问以色列有关在逾越节用基督徒鲜血的含义[50]：

> 问：为什么要用血？
>
> 以色列：不用血的话，他们会发臭。
>
> 问：为什么他们要吃血喝血？
>
> 以色列：这是根据传统，在法老时代，他们就把血涂在门柱上。
>
> 问：杀小孩的时候，他们说些什么呢？
>
> 以色列（讲意大利语，之前对话是用德语）：这样

做是针对基督徒的天主，因为他们的天主不是真神，
那些绅士是骑着马来的。[51]

更多酷刑的到来加强了酷刑的逻辑，因此认罪也没有意义。
这时以色列全部翻供了。此时，耶希瓦手稿的编写者加上了反
映在场官员想法的评语（又是用红墨水写的，区别于原文的黑
色字迹）："注意他（以色列）是怎样常常改变所讲的话，后语
不对前言，结果又得要从头审问。"[52] 尽管威逼能引出模仿，但
酷刑的逻辑只能教会屈服者像鹦鹉一样重复主人的话，掌握不
了语法结构——以色列根本无法学会血祭谋杀的话语。第二天，
49 执法官们重复之前的经验：对以色列施刑，要他从实招来，并
由文书尽责地记录下他的答复。"他说，他已经说了他要说的
话，即使再吊他 30 或 40 年，他也没有其他可说的。"[53] 以色列
的反抗和耐力刚好多撑了一天。4 月 15 日，他就承认了这场假
想的血祭谋杀案的各种细节。[54]

接下来就是那些没有开始这场严酷表演的人。执法官日复
一日，一点一点地从撒母耳、恩格尔、托比亚斯、以色列、迈
尔、老摩西、约阿夫、维塔尔和两个泽利希曼等人口中逼出供
词。4 月的第三个星期，另外五个男人——拉撒路、画匠以色
列、班伯格的摩西、家庭教师摩西和伊萨克——第一次被审问，
然而他们对自己在这场谋杀戏剧中被分派的角色全不知情。在 4
月 12 日和 13 日不停地受酷刑之后，恩格尔的仆人拉撒路回复
法官说："告诉我应该说什么，我照着说就是。"[55] 同样地，当局
也没能从其他人身上套出什么有用的供词。伊萨克没有说任何
人的不是[56]；班伯格的摩西告诉执法官自己的生平，而当他被
吊起来时，他说："下手痛快些，这样我就能赶快死掉了！"[57]
年轻的家庭教师摩西（又称"小摩西"）及画匠以色列，都断然

否认犹太人进行了血祭谋杀。4 月 12 日的审问过程中，司法文书丰多的汉斯记录了小摩西所言[58]：

> 问：既然尸体是在撒母耳的家里找到的，那一定是这户人家中的某一个人犯下案子的，不是吗？
>
> 摩西：犹太人没有杀这男孩，因为杀人违反戒律。
>
> 问：有可能是撒母耳的哪个仆人杀死这男孩的吗？
>
> 摩西：他并不知道。他认为小男孩是淹死的。

同一天，以色列甚至更为直白地告诉执法官："虽然德意志人说犹太人杀害基督儿童，但这话不是真的。"[59]

酷刑室帮了执法官不少忙：几乎所有的犹太人都在此崩溃并招供。此时，已到了对犹太人判刑的阶段了。不过对犹太人的处决，即对基督徒虔敬凯旋性的宣扬，就得要再等一等了。4 月 21 日，特伦托的长官斯波罗的雅各布通知同僚萨利斯的乔瓦尼说，审讯被推迟了。此令来自因斯布鲁克，是蒂罗尔大公西格斯蒙德下达的。原来大公聘有一名犹太医生做治疗，而长官必须遵命效忠大公。波德斯塔是欣德巴赫的代表，由于欣德巴赫曾宣誓效忠西格斯蒙德，波德斯塔必须从命。突如其来的转折使得采邑主教从阴影中现身，成了"西蒙案"（causa Simonis）充满活力的辩护者。

第五章 "被赐福的殉道者西蒙"

约翰内斯·欣德巴赫在 5 月 1 日写了一封信给的里雅斯特（Trieste）桂冠诗人拉法埃莱·佐文佐尼（Raffaele Zovenzoni），请他作诗纪念"真福殉道者西蒙"，好让人们知道他的神迹。在信中，他表达了对于不能立刻惩罚犹太人的失望，还抱怨犹太人耍各种诡计，让西格斯蒙德大公反对审判。[1]要对抗世俗王公的干预，只有靠基督徒的虔敬才行。"真福男孩，向皇帝和公爵悲号。"佐文佐尼在给小西蒙的献诗中如此写道。他本是伊斯特里亚（Istria）人，曾旅居威尼斯数年，结交了不少当地的人文学者，并成为欣德巴赫在威尼斯宣扬西蒙崇拜的同伴。[2]欣德巴赫及其随从认为，宣传西蒙的殉道对于他为"公平"审判辩护起到了核心作用。除了这个小殉道者，还有谁更能够有力地指控犹太人？ 还有谁能更有说服力地证明主教的热情和他行为的正当性？再说了，除了采邑主教这位小西蒙生前的政治上与精神上的领主，还有谁能当他死后最为忠实的追随者？

第一宗神迹发生在 3 月 31 日，并成为《特伦托被赐福的殉道者西蒙者神迹录》（Book of Miracles of the Blessed Simon Matryr）[3]中的第一项记录。从 1475 年 3 月 31 日到 1476 年 6 月 29 日，至少有 129 宗神迹被归功于西蒙。[4]朝圣者纷纷来到特伦托祈祷、捐献，有些人因此而被疗愈；所有人离开时都在宣扬这些神迹。欣德巴赫个人从一开始对朝圣热潮就别具关注，从他难以辨认的德语和拉丁语记录中，可以看到这些虔诚的朝圣客带来的进账，以及与崇拜有关的各种花费。[5]

透过书信、口耳相传、旅人的故事以及布道，特伦托西蒙的殉道事迹迅速传遍威尼托（Veneto）、伦巴第（Lombardy）及蒂罗尔，不时引发反犹暴动。威尼斯总督彼得罗·莫琴焦（Pietro Mocenigo）在 1475 年 4 月 22 日写了一封给帕多瓦的波德斯塔和长官的信，1475 年 4 月 28 日，又写了另一封信给弗留利的长官，两信皆表达了他对威尼斯犹太人安危的关注。[6]莫琴焦知会手下官员说，由于有传言称特伦托的犹太人谋杀了一名小孩，基督徒开始在威尼斯领域攻击并抢掠犹太旅人，现在犹太人都不敢往来这些地方。这些暴行的领袖是几个布道者。总督本身并不相信这些传言。因此，官员不但应该要保护犹太人的财产及人身安全，还要防止那些传道人煽动大众挑起反犹暴力事件。

若说传道人刺激公众攻击犹太人，是想起了基督、圣徒及殉道者的话，那么诗人们则是援引了缪斯、阿波罗和维吉尔的作品"去赞颂被祝福的幼孩西蒙，这个被犹太人杀死的孩子"。[7]人文学者用最文雅的拉丁语来表达对犹太人的仇视，甜美的维吉尔诗风被用来传达源自基督徒领域的暴力讯息。因此，佐文佐尼在他赞美诗的开头，提及了教宗、皇帝、公爵、高级神职人员以及波德斯塔们的名字，以驱逐犹太人；他以撒号为他的诗作结（当然不忘赞美欣德巴赫本人），吁请腓特烈皇帝及西格斯蒙德大公以火焰对犹太人所犯的"罪行"加以报复。[8]

自诩为人文学者的欣德巴赫，也着手撰写拉丁语诗歌。虽然他写诗的天分比不上佐文佐尼，但他流露的情感与这名桂冠诗人的仇恨几乎一致。他强烈谴责犹太人，认为他们是嗜血者和渎神者，呼吁所有基督徒把犹太人赶出他们的社团。[9]

　　诗歌表达的真相只能说服相信它的人；真正能让人信服的权力属于论说文。最具煽动性的言论出自乔瓦尼·马蒂亚·蒂贝里诺笔下，他是复活节那天负责验小孩尸体的医生中的一个。身为采邑主教的私人医生兼朋友，他知道审问的全部详情，打心底里坚信犹太人是有罪的，并且不厌其烦地宣扬这宗"殉道事件"。在审讯期间，4月15日，他用典雅的拉丁语写了一封致议事会及家乡（patria）布雷西亚居民的长信：

　　　　尊贵的教区长们和最有名的公民们，我写此信是为了几天前发生的一桩自基督受难至今空前未闻的大事，出于对人类和对必须消化这一可怕罪行的垂怜，基督把这件事揭露出来，以便即使天主信仰的某一部分变弱，依然能建造坚固的堡垒，并把犹太人长期以来的侵扰清除出基督徒的国度，让他们生存过的记忆统统从这个世界上消失。[10]

　　蒂贝里诺接着说，犹太人除了用高利贷迫害基督徒，还在犹太会堂吸基督小孩的血，在西蒙身上加诸虐害，就像他们对基督的所作所为一样。

　　蒂贝里诺借着诗的破格，捏造了在撒母耳屋中的对话，而这一对话引发了"圣言道成肉身后1475年"对西蒙的绑架。为了模仿基督这个活着的圣言，犹太人必须用他们那些不可言说的文字和秘密仪式来代表他们的罪恶；为了将他们的罪行公开，基督徒必须要依赖人文学者的拉丁语，因为那是充满道德的语言。于是，蒂贝里诺说，犹太人在逾越节时抱怨少了一样东西："然后，他们每个人都不发一言，只和对方使眼色，心照不宣，都知道是在暗示对方找一个基督徒小孩来做牺牲品，然后残暴地杀害他，以蔑视我们的主耶稣基督。"经过深思熟虑和斟酌可能面对的危险后（蒂贝里诺在此很聪明地利用了那些行刑过程中的矛盾证词来捏造这个故事），他们决定由身为医生的托比亚斯设法抓一个小孩回来，因为他在行医时和基督徒建立了良好的关系。一开始，托比亚斯拒绝了这个建议，但在禁令的威胁和财富的诱惑下，他答应了，因为他有太多的儿子要养。在这里可以看到：为了烘托出这个故事真实的气氛，蒂贝里诺很小心地创造了情节转折及描绘了动机。

这封信的后半部分对这次绑架有很长篇幅的描述。当托比亚斯把小孩带到撒母耳家中的犹太人面前时，他们兴奋地大叫，因为可以尝到基督徒的血。蒂贝里诺选用拟声字"呜噜啦"（*ululare*）来形容他想象中的叫声，用以标示出这些野蛮犹太人和文明基督徒的不同之处，因为除了嗜血，他们发出的声音也如野蛮人一样。其实，"呜噜啦"（*ululare*）这个词是塔西佗笔下日耳曼部落作战时的呼声，而在文艺复兴时代古典文化的复兴潮之中，塔西佗古老的罗马语言被人文主义者当作文明的典范。

在提到寻找失踪小孩的情景时，蒂贝里诺使用了福音的比喻："就在这时，小孩的母亲玛丽亚发现他（小孩）失踪了，她不仅像以往一样去邻居处寻找，还带着一颗受伤的心（*percusso* 55 *pectore*）和丈夫安德烈亚斯一起搜索整个城市"。在蒂贝里诺人文主义风格的拉丁语中，西蒙的母亲被描写成"痛苦圣母"（*Mater Dolorosa*），因为儿子耶稣基督的死而伤心欲绝。[11] 蒂贝里诺没有把比较两者的任务留给读者。就在下一句中，他就已经在描述圣灵指引着众人到犹太人处寻找男孩了，男孩正"呈十字状（*in cruce*）挂在半空，以蔑视基督信仰"。

小西蒙的死亡是用史诗的模式表现出来的，采用了维吉尔的风格。在描述献祭时间时，蒂贝里诺借用了《埃涅阿斯纪》（*Aeneid*）中的诗句："此时，人和狗的声音逐渐消失，人的心灵在初次安宁中重新获得了洗涤。"[12] 身为医生的蒂贝里诺把这场想象的谋杀描写得栩栩如生（这可能是被要求的），很多特别的情节还时常被后来的文献重复。犹太人被形容为"凶暴的"；西蒙的血是"神圣的"，他的死更被视为基督受难的代表。套用蒂贝里诺的话："他们残暴地拉开他神圣的手臂，使之呈十字状，其他人则举起各自的武器，用力打向平躺的圣体；然后围在一起说：'如那个什么都不是的、基督徒的神耶稣一样，我们把这个男孩杀了，进而便可以永远挫败我们的敌人。'"（*tolle Yesse Mina, elle parachies elle pasissen tegmalen.*）在描述到死亡时刻时，蒂贝里诺先仿通俗本的拉丁语圣经——"（他）低下头将圣洁的灵魂交给主"——之后又转回到维吉尔的风格。[13]

蒂贝里诺接着叙述了犹太人所做的藏尸的努力、尸体在安息日中被放到犹太会堂、弃尸以及在沟渠中找到尸体的经过、波德斯塔和长官的行动以及圣迹。在那之后，他接着说："看啊！虔诚的基督徒，耶稣被盗贼钉上了十字架。看啊，犹太人这样做是为了打压基督徒。光荣的西蒙，他是童贞的殉道者和无罪的人，几乎还没断奶，还在牙牙学语，就被蔑视基督的犹太人钉上了十字架。"在列举来自《塔木德》的冗长渎神的章节后，蒂贝里诺告诉他的读者，"最光荣的西蒙"是在 12 月 6 日出生的，父亲安德烈亚斯和母亲玛丽亚都很贫穷，而且因为杀害西蒙的行为，所有犹太人，无论男女老少，都已经被关到狱中并会接受应得的惩罚。

这本小册子成为有关特伦托血祭谋杀审判最重要的反犹宣传品。这不仅是因为蒂贝里诺是一名医生，也因为他写到布雷西亚的信。信中充满了优美的修辞，构建了一个充满着悲怜又逼真的故事。

这本名为《被赐福的特伦托小西蒙受难记》(*Passio beati Simonis pueri Tridentini*)的小册子,第一版由巴尔托洛梅奥·高迪贝克(Bartolomeo Guldinbeck)于 1475 年 4 月在罗马出版。同年 7 月,他又增印两版,1476 年,再增印一版。除了这四个在罗马印刷的版本,1476 年初,另外十个拉丁语印刷的版本出现了:特雷维索(Treviso)及威尼斯有两个版本,维琴察(Vicenza)、曼托瓦、纽伦堡、科隆(Cologne)、奥格斯堡及特伦托分别出版了一个版本。德语翻译本于 1475 年 9 月在特伦托由杜德施塔特的阿尔布雷克特·古尼(Albrecht Kunne of Dudestadt)出版,是该市第一本印刷书。之后,1475 年的奥格斯堡和 1476 年的纽伦堡分别又出版了两个德语版。[14]另一篇由蒂贝里诺撰写的拉丁语诗歌《我是男孩西蒙》(I am the boy Simon)同样在意大利和德国南部广泛流传,至迟到了 1511 年,这个小册子在奥格斯堡重印。[15]另一首由马托伊斯·库尼(Matthäus Kunig)所写的德语诗歌也在威尼斯出版了。[16]

就这样,在从特伦托的血祭诽谤案中创造一个重大的文化事件的过程中,由中欧传到意大利的印刷术和许多第一代印刷工匠都是德意志人的事实是不可或缺的。印刷术非但没有反映出乐观的前景(这往往被归功于古典知识的恢复),反而显示出基督教欧洲深深的不安。除了在内部受异端和犹太人的威胁,基督理念还受到土耳其从外部的围攻。在四本已知由阿尔布雷克特·古尼在特伦托出版的书中,有两本和西蒙有关,另两本是关于土耳其的,其中一本在 1475 年出版,内容有关克里米亚半岛城市卡法(Caffà)陷落到奥斯曼土耳其人的手中。[17]

在蒂贝里诺有关"西蒙受难记"(Passion of Simon)的文章中,我们可以找到大多数日后经常出现的图像象征。三个主 57

题建立起了小西蒙和耶稣间的认同。首先是两者共同的"受难"，主题是钉死在十字架上。其他两个反映出当时流行的文艺复兴基督徒信仰的主题则与西蒙生殖器上的伤口和有关他一家的描述有关。

血祭谋杀案的官方版本特别强调了西蒙的生殖器。在司法层面上，这种强调是因为对尸体的检验提到阴茎上发现伤口。但是从文艺复兴的图像学考虑，除了有对被阉割基本的恐惧，切去阴茎此举还被理解为割礼的一种扭曲的表现，显示出基督徒和犹太教徒的分别。小耶稣当然也参与过这个标记着犹太男性的仪式；如果小西蒙的死是模仿基督之死的话，那么他也一定要经历割礼。

西蒙之死的图像学表现明显且突出地体现了他生殖器的伤口。例如，在 1493 年纽伦堡的哈特曼·舍德尔（Hartmann Schedel）编纂的《世界编年史》（Weltchronik）书中的那一幅小西蒙死前的画就是如此。这幅木版画由丢勒曾任学徒的作坊制作。木版画显示了一个男孩的小阴茎，呈下垂状，象征儿童的纯真。西蒙生殖器上的伤口表明了对清白和人类血肉之躯救赎的侵害。在文艺复兴时期的艺术中，赤裸的阴茎反映了基督救世主的人性，是对小耶稣和基督受难核心主题的体现。犯了罪的人不是因为对救赎的一些抽象承诺，而是通过让一个真实的人即神之子的身躯受折磨而得救，他的阴茎反映出他的入世和超越人世的情欲。[18]

小西蒙这个以贫穷夫妇之子为人们所铭记的小孩，还反映了中古晚期极为流行的对圣家的敬拜。就审判记录所见，恩格尔的仆人拉撒路向波德斯塔说，撒母耳曾将西蒙比作耶稣，因为两人皆非婚生。[19]撒母耳是否真的做过这样的比较只是件小事，与西蒙和他的贫穷父母作为清白的基督教劳动者家庭受到犹太人残忍折磨的图景相比，其感染力不值一提。在 15 世纪晚期的木版画中，圣家被类似地表现为和谐的邻舍和一个模范的家庭。例如 1460 年的木版画，描绘脚步蹒跚的耶稣骑着玩具马，而圣多罗西娅在一旁守护。另一幅木版画则描绘稍微年长一些的耶稣在帮助圣阿格尼丝（Saint Agnes）榨葡萄汁酿酒；1490 年的第三幅木版画把约瑟夫、玛利亚和耶稣描绘成一般的劳动者家庭。[20] 事实上，小西蒙来自一个普通家庭这点完美地契合了基督教救赎剧本中能够感染人的力量，即谦卑、清白和牺牲的理想。

第六章 死亡戏剧

　　6月5日，斯波罗的雅各布告诉同僚萨利斯的乔瓦尼，因斯布鲁克方面已经批准恢复对部分犹太人的审判。长官和波德斯塔将一同完成起诉犹太家庭的法律程序，这些人包括恩格尔，他被囚禁在由贵族汉斯·雷格纳（Hans Regner）管辖的城堡里，还有老摩西、维塔尔、以色列和"另一个泽利希曼"。不过，他们不能起诉女性和其他的家仆。[1]

　　第二天，他们将矛头指向撒母耳，他此前一直不肯按照有详细细节的血祭谋杀剧本认罪。身为犹太社团的领导人和这场所谓的血祭谋杀案的主谋，他的供词是这件案子的关键。在被吊过几次之后，撒母耳对执法官说，他会说实话。眼看就快要到胜利的时刻，执法官们也显示出了高尚的一面，下令把他们的因犯送回牢房中，以便让他恢复体力和记忆。[2]

　　6月7日，撒母耳又被送进酷刑室，但这次撒母耳保持了沉默。他又一次被吊在了绳子上。这种表示勇气的方式其实也是徒劳无功的：在执法官的心中，他们对撒母耳的忍耐力有没有产生几分敬意？无论如何，招供只不过是迟早的事。文书记录了以下的场面[3]：

　　　　波德斯塔：他不该再保持沉默了，因为他的从犯已经说出了真相。

撒母耳：即便他们说了什么，他们也没有说出真相。

这时，有人对波德斯塔说，如果罪人喝了圣水（*weich-pruen, acqua benedicta*），他们就会说实话。于是波德斯塔命人灌了撒母耳一匙之前提到的水……撒母耳喝过之后，他们便要他说实话。撒母耳回答说，他说的全是真的。之后，他们又把两只热鸡蛋塞在他的两边腋下。当它们被如此放置时，他被要求说实话。

撒母耳：他会向长官和波德斯塔说实话。

长官和波德斯塔下令清空酷刑室。之后他们告诉丰多的汉斯，撒母耳答应招供，条件是要判他火刑而不是别的死刑，文书适时地记录了这一点。其他证人也被传召来，撒母耳被从绳子上放下。这时，所有人都前往长官室听撒母耳招供。

文书记录撒母耳供词如下：逾越节前夕，托比亚斯、恩格尔和撒母耳在犹太会堂会面，合谋要劫持一名基督徒小孩。他们要求两个借住在撒母耳和托比亚斯家的德系犹太人拉撒路和达维德去执行。在计划不成之时，托比亚斯自告奋勇。托比亚斯因医术精湛而为人所爱戴，由他来做这件事，最不会引人怀疑，所以他是最理想的人选。撒母耳答应托比亚斯，在逗留特伦托期间，他会尽力协助这位医生。翌日，托比亚斯回来了，还在斗篷下藏了一个孩子。撒母耳给这个孩子喂了蜜糖和其他食物。 63

在记录了这段供词后，文书花了很长的篇幅，按撒母耳的供述叙述所谓的对西蒙的折磨。对此，耶希瓦手稿的编写者特别用红墨水写下："我们应要记得这些对基督的轻蔑和不敬，还有针对基督徒诅咒和愤怒的祷告。"[4] 为了加强这个故事的感伤和真实性，执法官要求撒母耳用希伯来语复述《哈加达》中对抗埃及人的经文，这些话立刻就被重新翻译成拉丁语，并以不太准确的希伯来语出现在审判记录中。[5]

文书丰多的汉斯之后又记录道，撒母耳的招供提及，他们花了约半个小时把西蒙的肉扯下来和弃置西蒙的尸体。执法官又将犹太会堂的长椅用作证物，据说就是在这张长椅之上，老摩西割下了小孩的阴茎。撒母耳招认说，他认得这张长椅。[6]

撒母耳又继续陈述他的供词：意大利的犹太人长久以来一直在进行这种血祭谋杀。他们谋杀七岁以下的小孩来模仿基督受难，因为"对于犹太教来说，基督教是一种威胁，可能会胜过犹太教，并把犹太教比下去"。而且，犹太人还用基督徒的血来做犹太面包。撒母耳继续说着他怪诞的供词，说以上一切都是30年前从班伯格和纽伦堡的拉比达维德·斯普林兹那里听来的。[7]

出于对其他可能的谋杀案的兴趣，执法官开始询问撒母耳相关的细节：1473 年，艾森波施（Eysenposch）家的小孩也曾经失踪，在后来被找到的时候，欣德巴赫主教命人检查小孩身上是否有被刀割的伤口。诚如审判记录显示，对于血祭谋杀的怀疑，其实早在 1475 年之前就已经有了，而且就来自采邑主教。[8]更多绘声绘色的细节被用来迎合执法官。根据文书对撒母耳口供的记录，四年前，他和托比亚斯便曾经从一个来自萨克森的犹太旅人手上买过基督徒的血，这个人是哈尔的摩西拉比推荐的。[9]

面对着对他施加酷刑的人和法官的威逼，撒母耳此时只求解脱和速死。他继续搜索回忆中一些尘封已久的往事，回想新朋友和老熟人，现在，这些人都被想象成了谋杀基督小孩的同谋，其中包括他的老师达维德·斯普林兹拉比，以及曾经寄住在他家中的不知名萨克森犹太旅人。酷刑不只控制了撒母耳的身体；它的逻辑更从他的记忆中强取一些片段，以构建出血祭谋杀的故事。至少在公众的记忆中，撒母耳的过去被剥夺了，撒母耳只能在他的私人回忆里坚持他的过去，而这是一个粗暴地把后世人关在外面的领域，我们只能从官方说法中找到一些被曲解了的片段。

这是一段很重要的供词。撒母耳到底是怎样想出这些相关的细节的？当执法官让文书和证人离开后，酷刑室中到底发生了什么事？西蒙死亡的详细故事，即官方的故事，早在4月上旬就已经在流传了，也就是蒂贝里诺写信给布雷西亚民众的时候。

执法官是否只是向撒母耳重复了他们依靠其他供词虚构的谋杀场景？很有可能是如此。因为在审判撒母耳的同时，他们对他说另一名犹太人已经招供了。为什么撒母耳招供了？首先，他一定已经明白，再抵抗下去也是枉然，因为执法官早已决定一定要有人招供。更何况，撒母耳可能心想，如果尽快完结这件案子，或许还可以拯救妇女和儿童，甚至可以救一些已被囚禁的犹太人。火刑是殉道者死亡方式的代表，是最光荣的解脱。遗憾的是，当波德斯塔下令清场时，我们就像文书和证人一样被关在酷刑室门外，只能想象撒母耳、波德斯塔和长官三者当时的对话。

执法官还是没有放过给他们讲故事的人。6月11日，他们 65 又一次传唤撒母耳，这次不是到酷刑室，而是到长官室中。就在这里，囚犯再度润饰了他有关如何弃置西蒙的尸体和利用他的血的故事。一个中心主题也慢慢显现出来：对于犹太人来说，血一定要来自基督徒殉道者，否则就毫无意义。[10] 显而易见，这一文本表明叙述的重点发生了转变，由原来针对犹太人的行为，转移到西蒙殉道的表现。

虽然撒母耳在接下来的审判中仍是主要的攻击对象，但针对其他人的审判还是没有停止。6月9日，他们将维塔尔处以吊刑。这个可怜的人早在4月就承认他参与了谋杀，但似乎对案件细节感到困惑。自从撒母耳招供和被施以更多酷刑之后，文书笔下的维塔尔"已经讲出了真相，正如其他人一样"。[11]

6月10日，撒母耳的儿子以色列承认预谋隐瞒，这一点还得到了亲戚的同意。[12]这令执法官感到空前的满足，他们就这样解释了这对父子长时期顽固地拒绝认罪一事——又是一个对酷刑室逻辑的证明。

老摩西是困扰其族人的"恶"的第一个受害者。他只在4月4日受过一次刑，之后就被关在监牢里折磨了两个月，直到6月9日才被带回到执法官面前。囚禁摧毁了这个80岁老人的健康，文书评价老摩西"在期待痛苦中变得呆傻（blöd）"，萨利斯的乔瓦尼下令将他吊起，又把两个热鸡蛋分别放在他双侧腋下，再把他送回囚室里去。[13]翌日，也就是6月10日，波德斯塔威胁要将老摩西处以吊刑，老摩西才肯说话。他对绑架西蒙的"阴谋"认罪，确认了托比亚斯的角色，对长时间的折磨、他自己的罪过、对钉十字架的模仿以及殉道者的血认罪。也就是说，他认同了血祭谋杀案的官方版本。之后，摩西开启了关于自己过去的旅程，以找出一些情节来回应关于其他买血事件的审问。[14]

另外一个使执法官们着迷不已的小情节，就是想象中的在西蒙身上的伤口。6月11日，他们审问了"另一个泽利希曼"。在被吊在绳子上时，这个泽利希曼供认老摩西割伤了小孩的阳具，其他人则把小孩摆成十字状，以模仿耶稣受难。[15]

在最初的逮捕后，历经了81天和64次审讯，执法官们终于定了6月14日为正式审判日期。撒母耳、老摩西、维塔尔以及"另一个泽利希曼"逐一被从囚室押送到了长官室。当撒母耳进

特伦托 1475：一场血祭谋杀审判

入长官室后，他就被带到坐在法官椅上的波德斯塔面前。此外出席的人还有：嘉伯沙的巴特兰（Parteline of Capesar），他是位由威尼斯来的大陆法法律博士；五个能操流利德语及意大利语的翻译人员，包括泰尔拉科的安东伯爵（Count Anthon von Terlaco）、瓦斯凯特的汉斯·安东尼博士（Dr. Hans Anthoni von Vaschet）、布里克森的奥多里希博士、文书马里法拉的彼得·劳特尔及贝尔加莫的奥多里希（Odorich of Bergamo）。布里尼奥的奥古斯丁（Augustin von Brigno）、尤利安·加德尔（Julian Gardel）、汉斯·蒂森罗伊特（Hans Tysenreuth）、汉斯·菲尔拉（Hans Pheiler）以及博岑的沙雷尔（Schare von Bozen）同样在场。

在宣布针对犹太人的指控之前，萨利斯的乔瓦尼在法官席上做了解释：

> 他知道并明白此前提到的撒母耳，是一个能很好地说德、意两语的德意志人……不过，为了能够促进解释及理解，他命文书泰尔拉科伯爵……把他将适时记下的（一切）拉丁文句子翻译为德语，并且将上述撒母耳可能用德语说的供词忠实且合情理地翻译回拉丁语，告知波德斯塔及文书。[16]

之后，波德斯塔开始宣读法庭声明，"这份声明取自上述犹太人撒母耳的书面供词，是经过整理，并根据法律及习俗而写成的"。[17]在宣读完对撒母耳及其供词指控的长篇拉丁语声明后，泰尔拉科伯爵先将指控翻译为意大利语，再为撒母耳翻译成德文。最后，撒母耳以希伯来语发誓，以证明证供属实。萨利斯的乔瓦尼给撒母耳三天思考可能的辩护词。通过泰尔拉科伯爵的翻译，波德斯塔询问撒母耳是否想要一个辩护人，并且指派瓦斯凯特的汉斯·安东尼作为他的辩护律师。[18]

对撒母耳提出的指控是"亵渎基督信仰",尤其是在谋杀小孩这件事情上,撒母耳做了"魔鬼的工作"。[19]在重新宣读了正式的指控之后,波德斯塔宣判,要将撒母耳绑在前往行刑场的马车上,用烫钳活生生地剥下他的皮,再绑在柱上烧死。

就在同一天,维塔尔、老摩西以及"另一个泽利希曼"从翻译员口中听到了对他们的指控。[20]波德斯塔对他们三人都处以轮刑及火刑。但是老摩西逃脱了公开行刑的耻辱。守卫在囚房中发现了他的尸体。"有人说,他结束了自己的生命。"文书简单地记录道。[21]

对第一批人的行刑发生于6月21至23日:九名男子——托比亚斯、恩格尔、撒母耳、以色列、老摩西、迈尔、维塔尔以及两个泽利希曼——都被判处死刑,但是老摩西已自杀身亡。第一批被行刑的犯人只有撒母耳、以色列、恩格尔以及托比亚斯。主持这次行刑的是文书马里法拉的彼得·劳特尔和威尼斯的克里斯托弗(Christopher of Venice)。他们两人都是市民和市民委员。法林的汉斯(Hans von Farin)负责协助监督行刑。[22]

犹太人扮演了他们在这场死亡戏剧中的最后一个角色。他们被放在马车上,并被送到圣马丁城门外的刑场,以免行刑的血污染了市民团体。在波德斯塔的命令之下,撒母耳的皮在途中就被人用钳剥了下来,这个刑罚是用来惩罚最十恶不赦的犯人的。不过市民委员同情这些犯人,没有将他们绑在轮子上以截断四肢。当他们被绑在柱上,火舌往身上冲时,他们是在静静祷告,还是在向天主大声哀求来增强自己的信仰?不过,就大批基督教徒而言,讯息已经十分明确:行刑既是一场救赎的戏剧,也是一场恐怖的戏剧。如官方所说的,这些嗜血的犹太人对一个基督徒小孩施加了难以形容的折磨；在胜利的基督徒手上，他们尝到了同等的痛苦。在火舌吞噬他们的身躯、灰烬在空中飘浮之际，周围观众深深地感到了基督教信仰及他们守卫者伟大的力量。

第二天安排了另外四个行刑。在最后一刻，两个泽利希曼要求受洗；长官立刻将他们的行刑延期。维塔尔及迈尔的刑罚则立刻进行，他们被绑在柱上烧死。[23] 6 月 23 日，两个泽利希曼先受洗，然后被砍头，最后他们的尸体也被烧了。[24] 对特伦托的居民而言，改教只是证实了这些犹太人的罪行，并且反映出小殉道者展现的神迹。

第七章　宗座特使

69　　1475 年初夏的几个月里，欣德巴赫主教开始积极宣扬对西蒙的崇拜。他向威尼斯、维琴察、因斯布鲁克和罗马寄送信件，分发蒂贝里诺的著作和西蒙殉道的小图片。他动用了包括人文学者、传道者以及朝臣在内的人脉，希望可以打败犹太社团的发言人。当时，犹太社团的发言人们正向皇帝、大公及教宗申发他们的主张。[1] 他们指控欣德巴赫参与这次审判是为了犹太人的金钱；更有甚者，在特伦托的犹太人正受到不合法的酷刑折磨，并且被草率地处以死刑。

在一封日期标明为 7 月 23 日的信上，教宗西斯克特四世告诫采邑主教要等候宗座特使的到访，并暂缓审讯，"因为很多位高权重的人开始私下里议论"特伦托人的行为。[2] 8 月 3 日，在对特使圭迪奇的巴普蒂斯塔（Baptista Dei Giudici）的指示上，

70　圣座授权他准备真实的审判记录，并以特伦托主教及特使的图章封口，以便送回罗马。特使也负责调查审判的真相，尤其是关于所谓血祭谋杀的真伪以及所有和西蒙有关的神迹。他还负责将所有在不当情况下充公的财产收回，负责释放所有已被囚禁的男人、女人及小孩。假如特伦托的状况阻碍了强制令的实施，他有权将审讯转移至其他地方。最后，教宗敦促圭迪奇的巴普蒂斯塔尽量忍耐，并尽力和特伦托主教合作。[3]

圭迪奇的巴普蒂斯塔出生于利古里亚（Liguria）的菲纳莱（Finale），当教宗任命他为宗座特使时，他大约 46 到 47 岁。出身于贵族家庭的他在年轻时便已加入多明我会。他曾在博洛尼亚（Bologna）度过大部分的成年生活，在那里，除了身为多明我会的一员，他还是大学神学院的学生。1471 年，由于在推动多明我会改革的过程中十分活跃，圭迪奇的巴普蒂斯塔被教宗保罗二世任命为文蒂米利亚主教（bishop of Ventimiglia）。当方济各会修士弗朗切斯科·德拉罗韦雷（Francesco della Rovere）成为教宗西斯克特四世后，他的利古里亚同乡圭迪奇的巴普蒂斯塔在罗马更备受重用，成为基督教中心罗马教廷的一员，这些都归功于他虔诚的信仰和学识声誉。[4]圭迪奇的巴普蒂斯塔之所以成为特使，除其性格正直之外，也因为如他所说，他"常常祈祷以及写作反对犹太人，在他的一生中，从来没有和犹太人共享过饮食"。[5]西斯克特四世选择圭迪奇的巴普蒂斯塔，是希望可以维持教会的公正，任命他是为了平衡罗马犹太人对宗座特使的请愿，因为他的反犹太布道似乎足以消除任何来自特伦托的反对。

不过，欣德巴赫由始至终都怀疑特使同情那些囚犯。圭迪奇没有选最快捷的路线，他是经由费拉拉（Ferrara）、维琴察及帕多瓦抵达特伦托的，前后几乎花了一个月。欣德巴赫后来对此提出了抗议，指责特使在途中和犹太团体接触。[6]9 月 2 日，圭迪奇到达了特伦托，在那里逗留了 22 天。我们对这次出使的了解，都来自这两位主教——欣德巴赫和圭迪奇的巴普蒂斯塔，那是在他们公开对峙且案件的调查转回罗马之后。[7]透过他们在主教调查团面前彼此尖酸的人身攻击，我们可以重塑当时宗座特使团在特伦托的情景及双方激烈的争辩。

至少事情有一个好的开头。宗座特使团抵达特伦托之后，他们发现群众早就恭敬地在城门守候，为首的正是欣德巴赫主教。他带领着他庭中的教俗人士、一大部分主教座堂的议员、圣体委员以及一群市民。[8] 圭迪奇的巴普蒂斯塔在众人的簇拥下进入城市，并且被护送到一间靠近布翁孔西廖堡的房子里，他在那里见到了很多重要的访客，包括西格斯蒙德大公派来的使团，他们也是来调查特伦托的审判的。[9]

尽管私下里有所怀疑——欣德巴赫一直怀疑特使是亲犹太人的，圭迪奇的巴普蒂斯塔也对整件事的处理手法有疑问——双方一直维持着官方层面的合作，直至特使离去为止。由于急切地想要推广圣西蒙的"殉道"，欣德巴赫安排圭迪奇到圣彼得教堂观看小西蒙的遗体。自3月的复活节被发现后，遗体一直没有被搬离教堂。许多男女都急切地想要为小西蒙的神迹作证，这些都有助于小西蒙名声的扩散。9月6日，即圭迪奇参观后的数日，特使写信给枢机斯特凡诺·纳尔迪尼（Stefano Nardini），信上写道：

72 　　昨天我和可敬的采邑主教一起看了男孩的遗体，在场的还有许多市民和司铎。当主教好奇地检查并移开胫骨时，一股恶臭（从尸体里）散发了出来，我的胃酸立刻涌上，虽不至于立时呕吐，但这味道也强到令我随时都有可能呕吐。即便如此，也要强忍，事实上，在场包括很多认识我的人在内的所有人都看到我脸色大变。主教本人见到我很不安，问我是不是因为臭味才这样的。我回答是，并告诉他我们应该离开，因为我无法再忍受了。之后他说同样的情况最初也发生在他身上，但现在他已经习惯了。我说："尊贵的阁下，我实在很惊讶你会容许一具尸体这样暴露在外，这看起来实在是太吓人了，还是放到棺木中比较适合吧！"他说已经准备了一副小而精致的防腐棺木，但是人们不愿意移走尸体。[10]

特伦托1475：一场血祭谋杀审判

　　圭迪奇的巴普蒂斯塔对这具腐坏尸体的兴趣其实不大，他命助手询问了三四名见证人与西蒙有关的神迹。他发现，所有所谓的神迹都"是以一种虚假的、诈欺的、作弊的方式被描述出来的"。[11] 特使并不调查这些所谓的神迹，反而坚持要查验审讯记录的原稿。欣德巴赫对此却持反对意见，因为这是一个世俗的案子，并不属于特使的审理范围。这些审判记录不应该公开，以免让犹太人有机可乘。他认为，圭迪奇的巴普蒂斯塔应该把注意力放在西蒙的殉道上。最终欣德巴赫还是让步了，因为这个要求显然与教宗的命令相一致。查验原始记录的许可给了波德斯塔，他在特使面前朗读了会议记录。在经过更多协商之后，圭迪奇获准拿到一份副本，是他手下的文书拉斐尔神父（Priest Raffael）抄写完成的。即便到了那时，西格斯蒙德的使团还是指控拉斐尔不但擅自改动文本，还私下秘密抄了一本给犹太人，这个指控可能最早是由特伦托人提出的。于是圭迪奇提出另选一名文书——一名叫阿纳尔德·普拉克（Arnald Plak）的人，此人精通拉丁语、意大利语以及德语，不过这一提议遭特伦托人拒绝。他们的动机，根据圭迪奇的巴普蒂斯塔所言，是"要令特使的顾问及助手都受到怀疑，这样到了后来，他们便可以抹黑并拒绝特使"。[12]

　　在另一件事情上，欣德巴赫也是强硬地拒绝合作。虽然无论是当着采邑主教还是其他市民的面，圭迪奇都一直要求和被囚禁的犹太人对话，但他从未见到囚犯。欣德巴赫在后来写的充满诡辩的信中，承认他的理由是：从一开始，他就怀疑"这个不惜一切来释放（犹太人）的特使了……他怕特使在见犹太人的时候，他或他的下属会给犹太人暗号，让犹太人变得更为难缠，因为他们一直说'有一个男人会来拯救他们'"。[13] 不过特使最后还是和画匠以色列见了面，他在4月接受洗礼，后来获释，并使用洗礼名沃尔夫冈（Wolfgang）重新做人（见第九章）。通过以色列，圭迪奇获取了有关酷刑的第一手资料并给仍被软禁在家中的犹太妇女传递了消息。

圭迪奇的巴普蒂斯塔病倒了。后来，在回到罗马后，他把病因归咎于特伦托的住所和欣德巴赫不友善的态度：

> 但是特伦托主教提供了他城堡附近最差又最不光彩的住宿，在这里他（文蒂米利亚主教以第三者角色写此信）度过了极不舒服的 22 天，还自己付钱。他老是生病，因为那个房间的条件太恶劣了，它不仅很潮湿，而且天花板还不能遮蔽风雨，雨水常常滴进来，达到了有几晚不能睡在床上的程度，因为整个房间都被雨水淹了。房中还有水坑、粪便和污物。没有人可以去见他，跟他诉说秘密；他也没有办法行使工作的权力，因为这一切都有特伦托主教派来的人监视。[14]

由于逗留在一个对新殉道者很狂热的社团，当地的职权机 74 构又抱着相当大的敌意，特使觉得再留下去会有危险。他收到了死亡威胁。显然，圭迪奇的巴普蒂斯塔公开表达过他对这些神迹存疑，而且"越来越多的人对这个神迹的狂热超乎了理性，鲁莽超越了虔诚。他们甚至恐吓说，假如特使不肯定这个神迹并维护殉道的话，就要在街上把他杀死"。有几个晚上，圭迪奇的巴普蒂斯塔都在门口派武装人士把守。假如这真的是欣德巴赫的计谋——就如圭迪奇的巴普蒂斯塔事后所称的那样，那么可以说，这个计谋成功了。让特使检视神迹不但可以分散他对审判记录的注意力，还可以激起公众对这个怀疑派的不满。[15]从特使的角度来说，正如圭迪奇的巴普蒂斯塔之后回忆的，"他仿效圣保罗，以他的精明从法利赛人（Pharisees）手中脱身"，这些人假装虔诚，"言行举止却是恶毒如蛇"。[16]

　　当圭迪奇的文书抄完了审讯记录副本后，由于糟糕的健康状况，他便出发前往维罗纳。他在9月23日离开特伦托。在公开场合中，双方仍然表示友好。欣德巴赫为这次旅程提供了一辆马车，又派两名官员及他们的仆人护送特使。欣德巴赫对于圭迪奇的随行人员中有犹太人感到不安，于是派人跟随特使，以搜集有关特使的活动情报。然而，双方都各出奇谋，当主教代表团回到特伦托的时候，犹太人便贿赂欣德巴赫的仆人克里斯蒂安（Christian），帮他们给被囚禁的妇女带信。[17]但东窗事发，克里斯蒂安被关到塔内过夜。不过特使和犹太人这时得到了被关在特伦托的犹太妇女的消息。最后，一行人到达了罗韦雷托，他们大约往南走了半日（约17英里），其中三个小时是在日落后行进的。第二天，依然是出于维持和平气氛的目的，圭迪奇向欣德巴赫写信报告了行程。[18]

　　威尼斯共和国境内的罗韦雷托虽然是个小社区，但已脱离了特伦托主教的辖区。在那之后，圭迪奇的巴普蒂斯塔在提到离开原因时会说：在特伦托，他的生命受到威胁，而且证人都不敢说他们的想法；在罗韦雷托，他"受到最显赫的威尼斯总督的保护，在那里，正义将会并将一直降临，无辜的人不会遭到杀害，而且那里的基督徒不会像特伦托那里的那样抢劫犹太人"。[19]

　　圭迪奇的巴普蒂斯塔暂时不希望与欣德巴赫发生公开冲突。在9月24日的信中，他告知了欣德巴赫关于罗韦雷托的犹太人代表开会的事。在一众犹太社团的发言人中，有几个以犹太人的辩护者自居。他们恳求特使不要继续走到维罗纳，而要处理这个案件并保障罗韦雷托的法律。当这些犹太辩护者到达特伦托的时候，他们害怕要求获取因暴民攻击而签发的安全通行证：旅馆主人拒绝提供住宿；很多人威胁他们，如果他们为那些囚犯说话，就要杀掉他们和仆人。此外，这些辩护者还向圭迪奇的巴普蒂斯塔索要审讯记录的副本。他们不是要"为那些死去的人辩护，那些人已经逝去了；他们要的是真相，要为那些还活着的人辩护，不单是为那些被囚禁的，而是为全世界因为这份审判记录被视作事实而身处危险之中的犹太人辩护。这份审判记录被认为包含了所有犹太人的供词，即日复一日，尤其是五十年节时，他们都要用到基督徒男孩们的血"。[20] 作为一个有经验的外交官，圭迪奇的巴普蒂斯塔恳求欣德巴赫考虑他处于怎样的一种困境之中，并在附言中向采邑主教保证，在审判记录到达罗马之前，它不会被打开。

圭迪奇的巴普蒂斯塔利用这个会面作为借口，直接而有礼地提出了请求。在 9 月 26 日的信中，他用友善的语气向欣德巴赫请求，在教宗训令下释放那些无辜的犹太人。在写给欣德巴赫的信结尾处，他仍然用谦逊（或许带有讽刺）的语气，告知了自己的身体在逐渐康复的消息。[21]

在罗韦雷托地方当局的合作下，圭迪奇的巴普蒂斯塔得以
76 自行调查这宗所谓的特伦托儿童谋杀案件。对于宗座特使而言，最重要的一个证人是特伦托居民安泽利诺·奥斯托赫（Anzelino Austoch）。9 月 28 日，罗韦雷托的波德斯塔向安泽利诺发放了进入威尼斯领土范围内的安全通行证。[22]

由于宗座特使向威尼斯人求助，采邑主教开始寻求德意志人的支持。9 月 29 日，欣德巴赫写了一封致神圣罗马帝国内诸王公的德语公开信，为自己辩护。[23] 欣德巴赫深知特伦托不是第一个发生血祭谋杀的地方，于是指派多明我会士施莱特施泰特的海因里希（Heinrich of Schlettstett）为使节，去搜集德意志南部之前审讯的供词。这名修士在 10 月 3 日到达了拉芬斯堡（Ravensburg）。在当地政府协助之下，一份文件被正式起草、

　特伦托 1475：一场血祭谋杀审判

签署和封印了。这份文件由上下施瓦本的帝国执达官瓦尔德堡的约翰内斯·特鲁克泽斯（Johannes Truchsess von Waldburg）编写，证明了一宗发生在 1430 年的针对拉芬斯堡犹太人的审判的存在，该审判声称一名儿童在某犹太人的地下室内遭谋杀，而这些受到指控的犹太人最后都被处刑了。更有三名王室文书证实这份供词是真的，其中包括约翰内斯·翁格穆特（Johannes Ungemut）、弗朗兹·斯普罗（Franz Spuoll）及约翰内斯·布兰迪斯（Johannes Branndis），他们全都来自康斯坦茨。[24]

他们的下一站是普富伦多夫（Pfullendorf）。在那里，施莱特施泰特修士在法官们的协助下，询问了五名证人，他们指证 1461 年当地犹太人涉及一宗所谓的血祭谋杀。在听取了约翰内斯·达拉特（Johannes Dalat）、约翰内斯·德奇根（Johannes Dankingen）、约翰内斯·普吕尼（Johannes Pluin）、安特斯巴的彼得·帕斯特林（Peter Pastlin of Andelspach）以及约翰内斯·祖托尔（Johannes Sutor）的证词后，来自康斯坦茨的皇室文书暨普富伦多夫的法庭首席文书埃英根的彼得·施佩特（Peter Spät of Ehingen）和来自康斯坦茨教区的王室文书约翰内斯·布斯特埃特（Johannes Bustette）在这份文件上签字并盖上了印章。[25] 之后修士再沿莱茵河上游往北行进，10 月 21 日，终于到达了恩丁根（Endingen），虽然这里仍然位于康斯坦茨主教区内，但是行政上属于哈布斯堡王朝的范围内。不远处的弗赖堡（Freiburg）直到 1470 年还因为一宗恶名昭彰的血祭谋杀案而毁了当地的整个犹太社团。[26] 完成任务后，这个多明我会修士回到了特伦托，在那里，这些新搜集的文件将会成为欣德巴赫主教的另一个法律武器。

就在这名优秀修士旅行的同时，宗座特使也开始加强反击；[77] 他以一封教宗所写的信吸引了欣德巴赫的注意力，内容是禁止所有和小西蒙殉道有关的传道。[27] 10 月 5 日，其中一个犹太发言人里帕的雅各布（Jacob of Rippa）对特伦托最高官员提出一系列指控，指控采邑主教、长官以及波德斯塔煽动对血祭谋杀案的审判，借此剥夺犹太人的财产。[28] 10 月 8 日，圭迪奇将萨利斯的乔瓦尼逐出教会，谴责特伦托的波德斯塔两次违抗命令。[29] 10 月 12 日，欣德巴赫把秘书约翰内斯·门舍尔（Johannes Mensche）派到罗韦雷托，以对里帕的雅各布提出指控，还抗议特使的司法干预，不过同时也传达了欣德巴赫对圭迪奇的巴普蒂斯塔的一个邀请，假如特使回特伦托，这次他保证会安排较好的住宿给特使，而且在犹太人的事件上，在特伦托得出结论也会比较好。[30] 圭迪奇礼貌地回复，却根本无视了抗议。[31] 6 日后，教会特使发出强制令，命令萨利斯的乔瓦尼到罗韦雷托面对里帕的雅各布的指控。[32]

就在此时，安泽利诺离开特伦托前往罗韦雷托，这很明显是受到了用金钱来换取供词的承诺的引诱。他还不知道，自己已经成为最大的嫌疑犯。在他到达后，罗韦雷托的波德斯塔便根据宗座特使的命令，立刻将他关入监狱。[33] 在严刑下，安泽利诺指控"瑞士人"杀害了西蒙并嫁祸给犹太人。从之前的证供中，我们知道"瑞士人"和撒母耳不和，但安泽利诺是不是他作案时的同伙？特伦托人万分紧张。为了削弱这份供词的力量，欣德巴赫重新提审"瑞士人"以打消这个新的怀疑。10 月 13 日，在没有动用酷刑的情况下，主教座堂的议员及采邑主教的代理约翰内斯·福格勒（Johannes Vogler）又一次审问并释放"瑞士人"，因为他的妻子多罗西娅再度作证说，在据称小孩遭杀害的那个晚上，"瑞士人"就在葡萄园里。[34] 在这场证言和谣言的战争中，欣德巴赫的支持者显得相当活跃。甚至有传言说，安泽利诺是因为受到酷刑才把"瑞士人"卷入这次事件的，他后来又收回了他的证词，而且圭迪奇的巴普蒂斯塔与犹太人沆瀣一气。[35]

78

不过就更大的运动来看，宗座特使却占据了上风，至少在很短的时间里是如此。10月，欣德巴赫和圭迪奇的巴普蒂斯塔以友好的表面勉强掩盖的分歧终于演变成公开决裂。对采邑主教来说，威胁讯号似乎已见端倪。10月10日，西斯克特四世写信告诫威尼斯总督，为了要保护犹太人及压制所有和小西蒙有关的仪式，即使要驱逐任何人出教会，也在所不惜。[36] 10月12日，西斯克特四世写信给欣德巴赫，向他提到欣德巴赫本人、宗座特使及蒂罗尔大公西格斯蒙德的信都已经到达罗马。在审判的问题上，教宗告诫欣德巴赫，要释放所有被囚禁的妇孺，他们的清白是不容存疑的，尤其是在囚禁将会令这些妇女的健康状况恶化的情况下。[37] 10月24日，圭迪奇的巴普蒂斯塔写信给欣德巴赫，通知他有很多维罗纳的犹太人来为特伦托的犹太人求情。[38] 在另一封两日后签署的信中，圭迪奇的巴普蒂斯塔借教宗权威，要求欣德巴赫释放所有被囚禁的犹太人。[39] 10月29日，圭迪奇的巴普蒂斯塔寄信给采邑主教、波德斯塔、长官以及特伦托城的委员，呼吁释放所有囚犯，包括男子与妇孺，并将此案转移到罗马审理。对于对方没有按他之前的命令行事，圭迪奇的巴普蒂斯塔在信中表示遗憾。他又劝告特伦托人不可以虐待犯人，并要在三天之内完成他的命令，否则就会被驱逐出教。[40] 10月31日，采邑主教、长官以及波德斯塔指控圭迪奇逾越权限，并干预了世俗机构的事务。这些信引起了更大的反弹。特伦托人辩称，在审判完结之前，显然教宗 79 并不打算释放犹太人。他们还暗示特使已被罗韦雷托的犹太人收买，所以没能在履行教宗所委派的使命中与特伦托的主教合作。[41]

　　11月初，圭迪奇的巴普蒂斯塔再次告诫特伦托人释放犹太妇孺，并附上了一封来自西斯克特四世的信。这封信禁止所谓的西蒙殉道布道。[42] 虽然特伦托当局提出反对，故意制造麻烦并且拖延这件事，不过到最后还是释放了犹太儿童。[43] 发展至此，事情算是进入了僵局。基于宗座特使的调查，他得出了结论，无论出于什么原因，这些犹太人是在最不正当的情况下面对审讯的，而且受到了最大的歧视，遭受了最残酷的刑罚。这些在酷刑下的证供，根本就不能证明什么。按照安泽利诺的供词，有足够的证据表明，很有可能是"瑞士人"杀了小孩，再把尸体放到撒母耳家中的。更糟糕的是，特伦托主教及其官员拒绝协助特使，反而不断煽动大众关于小西蒙崇拜的迷信。

欣德巴赫非常愤怒。他继续支持波德斯塔及长官，支持血祭谋杀案的官方版本。这位采邑主教对于宗座特使的干预感到非常怨恨。毕竟，和帝国的王公相比，文蒂米利亚主教算得了什么？对犹太人的公平审判受到了干扰，基督教权威的行动遭到了怀疑，圣人小西蒙更是受到了嘲弄。到底是什么令圭迪奇这名来自教廷的人反对如此虔诚及公正的事业？11月28日，欣德巴赫向教宗谴责圭迪奇，指控宗座特使接受了犹太人的贿赂，为了拯救犹太人而错误地关押并折磨安泽利诺。[44]

11月中旬，圭迪奇的巴普蒂斯塔离开罗韦雷托到维罗纳，还带着不情不愿的安泽利诺。当他们停留在维罗纳期间，一场

80 旨在拯救安泽利诺的密谋浮出了水面：一帮手持武器的男子想攻击宗座特使，解救安泽利诺，不过被执法官所属的军队逮捕，因为执法官早得到了威尼斯元老院的命令，要求"尽量协助"宗座特使。[45]圭迪奇的巴普蒂斯塔在12月1日到达罗马，提出指控。为了修补宗座特使所带来的裂痕，教宗西斯克特四世特别委派六名枢机主教成立特别圣部，来检视特伦托的审判。正当这一笨重的教廷机构开始作出反应的时候，特伦托的官员们正加紧结束他们的审判。现在就让我们回到10月，来看看宗座特使离开后的特伦托发生了什么事吧。

第八章　血的民族志

到了10月，当夏日渐渐消逝，阳光照射在特伦托附近的
葡萄园时，这件事也终于陷入了绝境。很多事情都处于危险之
中。基督徒和犹太人、教宗和皇帝、普通百姓和地方法官无不
在留意特伦托。罗马的态度似乎摇摆不定，一方面是因为教会
法庭一如传统，闭门作业；另一方面是因为，西斯克特四世现
在将全副精力放在五十年节和意大利的政治斗争上。[1]欣德巴
赫需要盟友。在对抗宗座特使的时候，他强调自己是世俗国家
的王公，只对皇帝效忠。不久后，来自因斯布鲁克的消息也让
他感到鼓舞。

长官斯波罗的雅各布在10月20日收到西格斯蒙德大公的
一封信，授权他和波德斯塔审讯其他的犹太人。西格斯蒙德大
公写道：

> 谨向你建议，最挚爱及忠诚的仆人，对于你监狱
> 中的犹太男女，你应该要提供公义，判他们死刑；无
> 论是裁定了什么判决，你都应该遵从，这样才可以满
> 足我们基督徒信仰的要求。发出地点及日期：梅拉，
> 圣加仑节（St. Gallen's）后的星期五（10月20日），
> 主历1475年。

（致）我们忠诚挚爱的斯波罗的雅各布，特伦托的长官。[2]

血祭谋杀案的第二阶段从 1475 年 10 月下旬开始，到 1476 年 1 月中旬为止，共有六名男子牵涉在内——约阿夫、伊萨克、拉撒路、班伯格的摩西、家庭教师摩西及画匠以色列。在这一期间，有几名犹太妇女也遭到盘问，不过审讯要到 1476 年初才逐渐频繁起来。除了在 4 月受洗改名沃尔夫冈的以色列，当局一律视男人为共犯，尽管他们是外来者和旅人。有关以色列的审问和他那些奇怪的供词，似乎让我们对于他有了比其他人更多的理解。不过，他所说的话，要和他复杂的性格和他帮助编织的错综复杂的事件网络对比来看。现在，我们先将焦点放回到其他人身上。

和春天的狂热相比，秋天审判程序的推行过程更加有条不紊。在审判的第一阶段中，执法官开了 46 次庭，审讯了 15 人，大部分审讯都是在从逮捕（3 月 27 日）到审讯中断（4 月 21 日）的三个星期中进行的处理。看起来，在嫉恶如仇的情绪下，执法官起初急着要取得供词。但随着 6 月第一波的行刑调节了他们对公义和复仇的热情，天气也渐凉之后，执法官在其他囚犯身上花费了较多的时间。从 1475 年 10 月 25 日到翌年 1 月 11 日，执法官开了 45 次庭来审讯六名囚犯。其中，画匠以色列共被审讯了 17 次。

如果我们先暂时略过以色列的审判，就可以从其他五名男子的审判记录中总结出某些模式。这些审判都早在圣诞前就已经完成。它运用惯常的酷刑，威逼那些在血祭谋杀案的官方版本中扮演配角的人招供。如果我们比较这些供词，就会见到相互矛盾的动机，反映出酷刑下被逼所讲的情节和囚犯自己故事

特伦托 1475：一场血祭谋杀审判

中的混乱两者之间的矛盾。

对于在酷刑下的人来说，所谓的审判，只是胡乱地（如果不是漫无目的地）使用暴力，被吊在绳上的犯人完全不知道要说什么才好。例如，10 月 27 日波德斯塔向恩格尔的厨子伊萨克问话时，文书记录了以下的经过，"他（伊萨克）被吊高，再放下遭受盘问。他答道，是的，如果我知道要我说什么，我什么都会说。之后，他坐了一会儿又不肯说话，然后再次被吊高"。[3] 两天后，在施吊刑时，"他（伊萨克）说他稍晚一点会说实话，而且他什么都不知道，唯一知道的就是他一定会死。"[4] 或者，我们可以以恩格尔仆人拉撒路为例，他在 11 月 20 日被问话，"被要求重复一次所有曾经对小孩说过和做过的事。他回答说，不知道要说什么或是要做什么，而且之前早就这样说过了。之后，波德斯塔告诉他，如果不说真话，他就是个愚笨的人，因为其他被囚禁的犹太人早就说了"。[5] 关于这份审判记录的中心主题，血和文字的象征意义，犹太人们最初对于到底要说什么还是不太清楚。因此，家庭教师摩西即小摩西，坚称并不知道在西蒙被杀时或是犹太人在取基督徒的血时到底要说什么。[6] 班伯格的摩西在 11 月 8 日的审讯中，也表现出类似的困惑，不知道如何回答类似的问题。[7]

约阿夫受到的折磨最厉害。当他在 10 月 26 日遭到盘问的时候，波德斯塔最初没有动用吊刑： 85

> 他被问到有没有见到那个被杀害的男孩。
>
> 约阿夫：在沟渠中。
>
> 波德斯塔：再想一次。
>
> 约阿夫：在犹太会堂的前厅处。

波德斯塔：还在其他地方见过小孩吗？

约阿夫：没有。

之后他就被剥去所有衣服，绑住并吊起。

约阿夫：放我下来，我会说实话。

波德斯塔：在绳子上说。

约阿夫：我没有做什么邪恶的事。

吊绳拉起再放下。

他以生命发誓，而他即将面临死亡，保证自己是清白的；他没有在任何地方见过小孩……

他没有在任何其他地方见到小孩（除了水沟里），他希望他曾在（其他地方）亲眼见过。

他被再次吊起。

约阿夫：我在犹太会堂见到过死掉的小孩。

波德斯塔：在会堂的何处？哪一天？

约阿夫：星期六晚上。

但是，由于他没有说是在（犹太会堂）中的哪里，他被吊起又放下。

约阿夫：放我下来，我会说实话。

波德斯塔走上前来问他。

约阿夫：哦，我可怜的老婆孩子！

他又再被吊起及问话。

约阿夫：放我下来，我会说出真相。

他被放了下来，他们又再问他，在犹太会堂的哪里见到过（小孩）。他说是在长椅上，之后他被松开，押回牢房中。[8]

即使是在约阿夫认罪后，执法官也不感到满足。根据推论，

唯一能够解释犹太人不知情的理由，就是他们在假装，因为他 86
们的仪式和习俗本质上就是邪恶的。第二天，约阿夫在顺着血
祭谋杀案官方版本的故事招认了一些细节后，抗议说自己并不
知情，对于祈祷和祝福仪式也一无所知，"他只会驾驶马车"。
波德斯塔则回应说，"他怎么会知道他知道什么"，并威胁要对
他动用更多酷刑。[9]

　　就如同漫无目的地环绕着酷刑室打转的符号一样，囚犯们
的话语反映出官方问题和命令的重复循环。他们所说的仅有的
合乎逻辑且真实的故事都来自生活片段：一些有关这三个家庭
在这场降临到犹太社团头上的灾难发生前夕的生活片段；一些
有关那些死去的男性和处于囚禁中的妇女的对话、态度以及忧
虑的回忆；对于过往的地方和脸孔的回忆，在酷刑之下，这些
真实的人被强行引入那场虚构的过去的血祭谋杀当中；最后是
这些捏造基督徒男孩死亡的、知道自己难逃一死的男人绝望的
表达，但在表现出绝望的同时，他们对自己的人生经历保持沉
默。不过，我们还是要感谢他们在此时刻提到的事，因为这是
有关囚犯在审讯下的情绪状态的唯一材料，可借此重塑犹太人
的生活和笼罩这个社团的恐怖：

　　官方版本的故事当然是合乎逻辑的。四个中心主题构成了
某种意义上的叙事策略：

　　1. 经过一系列的新招供和精心叙述而对带有细节的官方谋
杀案的确认；

　　2. 对犹太妇女在这件事情上所扮演角色的调查，由此，关
于血祭谋杀案的性别话语开始出现；

　　3. 有关犹太仪式的解释，尤其是基督徒的血的使用及希伯

来诅咒的含义；最后是，

　　4.虚构以前的儿童谋杀案，作为血祭谋杀的历史证据。

　　在吊刑的折磨下，官方版本得到了确认：约阿夫因此而招供了，不过他是一步步招供的，而且他给的证供都是支离破碎的，先是说他目击西蒙被杀害，之后又承认他自己参与了放血仪式[10]；拉撒路和摩西两人在 11 月 27 日也重复了上述官方版本的细节。[11]翌日，小摩西也顺着这个官方版本招供了。[12]伊萨克则在 12 月 16 日承认了他自己扮演的"角色"。[13]

　　妇女是不是也有罪呢？她们有没有参与谋杀？如果她们参与了的话，那么她们在仪式中做什么呢？在寻求答案的过程中，人们可以说，执法官们正在写这个血祭谋杀案中的性别话语。五名男子都被问及女性在这件事情的参与程度：小摩西承认他在犹太会堂中见过一些妇女，包括布鲁内塔、舍恩莱因、萨拉、聚斯莱因和布吕莱因。[14]不过伊萨克、约阿夫及拉撒路等人则坚称没有妇女在场[15]；班伯格的摩西更是特别否认妇女参与了杀人一事，尽管他声称她们负责做犹太面饼，而且其中少数几个人知道即将发生的谋杀。[16]这些供词为这些妇女提供了某种保护，至少，官方只能控告她们对即将要发生的谋杀知情。犹太教在进行礼拜仪式时有男女分开的习俗，而这一点促使了性别化血祭谋杀话语的产生，为女性提供了更多的保护。我们会在第十章谈及这些妇女的供词。

　　除确认官方版本的故事外，他们五人还为想象中的血祭谋杀创造了更多细节，目的是迎合法官们对犹太仪式的兴趣。对于基督徒执法官来说，所谓的西蒙谋杀案不是一宗简单的案件。单单建立动机和谋杀的行为并不足够；执法官是想借调查小西蒙的死因来打开犹太教的神秘大门，使他们可以建立起犹太教仪式的民族志。

11 月 14 日，波德斯塔要正在受吊刑的伊萨克形容犹太会堂 88
的"场景"，文书记录了以下的对话：

> 波德斯塔：告诉我犹太人所有的动作。
>
> 伊萨克：他无法模仿任何笑声或是表示欢悦，因
> 为现在只感到伤心和痛苦。
>
> 波德斯塔：他不在乎他是以伤心还是开心的心情
> 去模仿这些动作的。
>
> 伊萨克：他笑了起来并发出"哈哈"或是"嘿嘿"
> 的声音……而且做了几个无法记录的动作，因为他不
> 是用扭曲的嘴巴说话，就是用耳语。[17]

动作胜过言语。在酷刑下，约阿夫承认咬过小男孩西蒙。[18]
小摩西描述出一片欢腾的场景，室内充满笑声，众人跺着脚。[19] 其
他人还承认做过一些猥亵及滑稽的姿势，例如露出自己的阴茎
和屁股，伸出舌头，都是为了对这个基督徒小孩表示轻蔑。[20]

基督徒小孩和幼年基督在这里是同义的。事实上，根据血
祭谋杀的话语，"亵渎基督教"是犹太教最本质的一部分。波德
斯塔反复要求囚犯们朗读对小孩念出的希伯来祷文，并要求解释
其中的含义。[21] 文书丰多的汉斯仔细记录了对圣家的咒骂[22]，包
括拉撒路提过的："他（拉撒路）说犹太人针对约瑟夫说了各种
各样亵渎的话语，说他是神父、玛利亚是妓女、耶稣是那个被吊
死的人……耶稣是玛利亚和约瑟夫通奸生下的；撒母耳还告诉他
们，西蒙是私生子，就如耶稣一样。"[23]

在审判记录所表现的民族志中，犹太人风俗的粗鄙仅次于
其野蛮：使用人血。在酷刑之下，小摩西、伊萨克、拉撒路以

及班伯格的摩西都承认喝了西蒙的血。[24] 他们先将血从基督徒小
男孩的血管中放出来，用杯子收集它们，再弄干成粉，之后撒在
逾越节的酒和犹太面饼上。在执法官眼中，进食人血给犹太人打
上了非人的标签，不过现在，当局对于这些供词感到满意。11月
14日，在拷问班伯格的摩西时，接下来的场景出现了：

> 当他被吊起来的时候，波德斯塔问他，当他发现
> 这件事（指绑架）时，是不是感到害怕。他说没有，
> 他感到很愉快。
> 波德斯塔：为什么？
> 摩西：因为他们即将对基督徒的神表示不屑。
> 他又被吊了一段时间，他又说他很开心，因为他
> 即将吃到血。在那之后，他就被放下了。[25]

　　最后，正如在对伊萨克的判词中所说的那样，执法官指责
犹太人，说他们是"吃血者、饮血者，还亵渎了最神圣且尊贵
的基督的至圣受难和最受赞颂的童贞玛利亚"。[26] 教会时常将饮
人血这个行为和异教徒及女巫联系在一起。1427年，锡耶纳的
圣贝尔纳迪诺在皮埃蒙特传道，对抗一个被宣称是异端的秘密
组织及仪式。他指控该会的会员曾经谋杀一个小男孩，又将尸
体磨碎，并将得到的粉末与液体混合物喝下。[27] 对执法官而言，
食人行径当然是魔鬼行径，是犹太人和女巫的特点。

　　单靠描述并不能建立起民族志的权威性。民族志学者还
必须要扮演历史学家的角色，探究他们意图描述的仪式与风俗
的起源。执法官利用种族及历史学上的权威来面对班伯格的摩
西。11月14日，波德斯塔强逼摩西承认谋杀。仍然被吊着的

摩西说：

> 他宁可头被割下来，也不愿意犹太人杀过这个小孩的事情发生。
>
> 波德斯塔：为什么？
>
> 摩西：现在如果有消息传出去说犹太人杀基督徒是因为血和亵渎基督，那么全世界都会憎恨犹太人。

90

又过了一会儿：

> 摩西：犹太人吃基督徒血的习俗是一个秘密。
>
> 波德斯塔：我们基督徒早就知道这一点——从书上知道的。而且在公开场合，这一点也常常被讨论到。
>
> 摩西：或许在基督徒中有流传，不过并非所有人都相信。然而，现在特伦托所有的犹太人都承认了这件事情，那么大家都会相信。这就是为什么他宁可被砍头，也要阻止已经发生的事发生和让这件谋杀案曝光。[28]

随后，在被折磨到承认了过去的血祭谋杀罪行之后，摩西列举了几宗罪行，包括道听途说和靠他自己的经历编造出来的。他说，在 12 年前的拜罗伊特，他喝过血，是从名叫萨洛蒙的男人手中买来的；9 年前，当他向奥得河畔法兰克福（Frankfurt-an-der-Oder）运送货物时，他的旅伴（另一个名叫萨洛蒙的人和雅各布）在树林中杀了一名男孩。犹太人买卖基督徒的血，将血放在器皿内，并附上拉比的证明。他还提到不久前在亚尔萨斯的血祭谋杀案［指 1470 年在恩丁根发生的案件］。当人们在基督教的骨坛内发现几具半腐坏的尸体之后，犹太人立刻遭到血祭谋杀的指控，部分人被烧死，其他人则逃离。[29] 所以，真实和想象在这里融为一体，摩西在威逼下说的谎言，只是肯定了历史上的恩丁根审判的真实性，反过来，这一审判又成为这个虚构的犹太暴力世界中的支点。

　　所有的犹太人都遭受折磨，直到他虚构出一系列历史上的血祭谋杀为止。约阿夫在 10 月 27 日告诉波德斯塔，他在维尔茨堡的迈尔那里做过 16 年的仆人；这个迈尔和他说了一切有关对基督徒血的需要，正如他们现在告诉波德斯塔的那样。基督徒女仆埃尔莎·鲍姆加特纳（Elsa Baumgartner）会帮迈尔在安息日清洁房子，正是她偷运了三个基督徒小孩来。在一片祈祷声中，厨子泽利希曼杀害了三名小孩。波德斯塔用了颇长的一段时间来盘问这件所谓的维尔茨堡谋杀案：这个案子是在什么时候发生的？（四年前）尸体被弃置到了哪里？那些孩子是谁？迈尔和泽利希曼是不是还在世？约阿夫承认，两年前，当他在安斯巴赫的时候，他听说他们还在世。[30]

　　小摩西承认知道一桩所谓的血祭谋杀，早在八年前的纽伦堡，迈尔·皮布曼（Mayer Pibman）就在他家中举行过此种仪式。随后小摩西在纽伦堡的十年里，他都在饮血。[31] 正如恩格尔的仆人拉撒路所说的那样，当他们还在特鲁克泽斯（Truchsess）领地的瑟拉瓦城堡（Castle Seraval）时，他是从父亲阿伦那里第一次听说过用血的，而他父亲的兄弟里茨亚德（Ritzard）有一次曾向他父亲和恩格尔诉说一桩在雷根斯堡的所谓的儿童谋杀案。[32] 同为恩格尔的仆人的伊萨克说，作为犹太慈善令人发指的体现，有钱的犹太人会把基督徒的血送给犹太穷人。[33] 他也提到恩丁根的审判；大约四五年前，一个犹太人因为把基督徒的血带到普福尔茨海姆（Pforzheim）而受火刑，就在符腾

91

特伦托 1475：一场血祭谋杀审判

堡伯爵的领地上。[34] 在被逼说出更多历史细节的情况下，他说，十五年前，当他还在沃尔姆斯做学生的时候，有四十个犹太人从一名乞丐妇女手中买了一名小孩，并在逾越节时杀害了他。直至最近，他由恩格尔口中听说，有个住在布里克森的犹太人里茨亚德拿了些在雷根斯堡处遭杀害的基督小孩的血。[35]

11 月 27 日，班伯格的摩西听到自己的供词被大声朗读出来且被译成德语，以获取他的同意。他用希伯来语誓言发誓，他说的内容是真实的。三日后，狱卒发现他在囚室中气绝身亡，至于他是死于酷刑还是自杀，我们无从知晓。总之，波德斯塔还是对尸体判刑，下令将其拖到行刑场上烧毁。[36]

12 月 14 日，拉撒路在听完他人对他供词的复述后，又提出 92 了一些小的改动。但是当波德斯塔要他以希伯来语发誓时，他一口拒绝，并说发誓是有罪的。虽然波德斯塔再三要求，但是拉撒路不肯让步。根据文书的记录，"这时波德斯塔说：假如他之前所说的一切供词和证供都是真的，那么不容他选择，一定要以希伯来语的圣经发誓，要按照犹太传统，以万物和创造天地之主的名义发誓。他答道，他是不会发誓的。被问及为什么时，他说这是一种罪行。虽然波德斯塔一再强调说，既然他所说的是真的，那么即使发誓也不是罪，因为他是对着事实发誓，但是他仍然坚持不发誓，说这是罪行"。[37] 波德斯塔命人将拉撒路押回囚室，在天黑后的第一个小时，他便和其他人到囚室探视。假如我们相信审判记录的话，不知是用了什么方法，或许是恐吓要用更多的酷刑，他们终于迫使拉撒路用希伯来语发誓。[38] 毕竟，酷刑室的逻辑会一直遭受挑战，直到痛苦不堪的结局。

伊萨克在 12 月 20 日听到他人用德语复述他的供词，他同意供词内容，并且按要求发誓。[39] 同样的程序，在同一日也发生在小摩西的身上，12 月 11 日，约阿夫也经历了这一程序。[40]

随着新年来到，宣判的时候也到了。

特伦托的这宗血祭诽谤案，可以说是这一连串事件中最中心的一环，这一点的重要性怎样强调都不为过。而它获得这一地位的原因，是教宗的干涉及其引发的激烈辩论。在这之前或之后，都有类似的审判。在南部德意志－阿尔卑斯地区，许多针对犹太人谋杀小孩的谣言和指控都如同瘟疫般蔓延开来，正如我们利用审判记录及其他与审判相关的史料可以重组出来的那样：

1430 年　雷根斯堡：有几个犹太人被判处死刑，原因是在他们家中的地窖里找到了一具小孩尸体。

1440 年　梅拉：一个基督徒把一具小孩尸体放在犹太人家中以诬蔑犹太人，不过这一阴谋被城镇的长官识破。

1440 年　兰茨胡特：55 名犹太人以血祭谋杀的罪名被烧死。

1461 年　特伦托：金发格蕾琴失踪的儿子在撒母耳的棚屋里被发现。

1461 年　普富伦多夫：犹太人被判死刑，罪名是所谓的血祭谋杀。

1470 年　恩丁根：犹太人被指控杀害一名基督徒全家，被判处火刑。

1473 年　特伦托：在发现失踪的艾森波施*男孩尸体后，欣德巴赫主教下令检验尸体上的割伤。

1475 年　雷根斯堡：有关这件血祭诽谤案的谣言，传到布里克森的犹太人社团中。

这些代表着真实迫害的案件和想象出来的、过去的血祭谋

---

*　原文如此。按照前文，艾森波施家的男孩并未死亡。——译者

杀案，都是通过对犹太人行刑逼供出来的。如果为这些血祭诽谤案绘制文化地图，我们便会发现，特伦托位处最南端。简而言之，血祭谋杀案的地点正好都在阿尔卑斯高地德语聚居区的边缘。1475 年的特伦托审判之前，许多住在威尼托和伦巴第的犹太人都幸免于血祭谋杀审判的威胁。套用画匠以色列在受刑时说的话："虽然德意志人说犹太人杀害基督徒小孩，但这话不是真的。"[41]

我们已经在之前分析过的四个主题——官方版本的叙述、性别话语、犹太仪式如何被扭曲，以及虚构以往的血祭谋杀——都把我们引到叙述策略的作用上来。或者说，这些由官方话语引导及用行刑拷问套取的口供到底有什么意义？最明显的就是审判记录的字面意义：作为法律诉讼的一部分，它在后事实（*post factum*）层面上确认了此前 6 月的审判，并使得对五名犹太男子的判决和处决都成为合法行为。然而，这一字面意 94 义只是一个更大的符号结构的中心。第二个更难解的含义在于连接过去和现在的血祭谋杀谱系或历史的构建。在这个语境下，特伦托的审判并不是采邑主教及执法官的突发奇想，而是展现"犹太人邪恶"的一个历史环节。最后，一个更大的符号域涵盖了第一和第二个符号结构："现在的"特伦托及犹太人罪行的"历史"都是基督徒对犹太人生活和仪式的看法。由执法官小心地从逾越节餐、《哈加达》和鲜血符号论当中重新建构出来的犹太仪式的本质，都要求利用基督徒男孩做牺牲品。于是，西蒙的死这一特有的事件和之前发生的儿童谋杀案都可以纳入这个永恒重复的犹太仪式结构之中。而这个事件的叙事策略、血祭谋杀案的官方版本以及 1475 至 1476 年的审判记录正好构成犹太仪式的基督教民族志。

第九章　改教者

　　23 岁的以色列是勃兰登堡的迈尔之子，曾以抄写希伯来书籍为生，他用泥金和其他颜料为书作装饰。为了寻找工作和冒险，他到过不少地方，而他的旅程终于在特伦托画上句号。和其他人一样，在试图逃离时被捕的他也受到了折磨。4 月 21 日，即西格斯蒙德暂停审判的那天，以色列要求受洗，希望可以逃过行刑。受洗后，他改名为沃尔夫冈，获释，出了牢房，不过仍然得留在布翁孔西廖堡内，作为基督徒的正义及仁慈活生生的例子。[1]

　　在逮捕了犹太人后，执法官把所有犹太人的财产都充了公。6 月上旬，即在恢复审判和第一次行刑之前，欣德巴赫决定变卖部分犹太人的资产，这样一来，就要把借款抵押物归还给借款人。因此，总得要有人负责阅读所有希伯来语的记录册和信件。

6 月 8 日，以色列被委任为监督人，负责监督所有抵押物的归还情况。[2] 在完成这项工作后，他就被释放了，并被允许以换钱为生。[3] 在夏天的那几个月里，以色列（或者按现在的名字称沃尔夫冈）甚至取得了主教团随从的信任，可以进入布翁孔西廖堡。实际上，这名改教者正在玩一个危险的游戏。在尝试讨好新主子的同时，他也帮忙放走那些被关的犹太妇女和小孩。不知道是形势所迫，还是因为良心发现，他成了威尼斯犹太人的接头人，而那些犹太人正在策划营救行动。在宗座特使于特伦托逗留期间，他更是珍贵的情报来源，甚至还可能参与了一宗异想天开的计划，希望可以毒死欣德巴赫。这一切终于在以色列于10月27日再次被捕后曝光，其他犹太人在他们的供词中说他是参与逾越节晚餐的一员。他的秘密行动可能早已向当局泄露了他的真实身份。无论如何，此后的十个星期，经过了17次审判，以色列供出了一个充满阴谋、懦弱和勇气的故事。

第一次审判是在11月2日举行的。以色列告诉波德斯塔，他是在何种情况下抵达特伦托的，在那之后，以色列否认自己对所谓的血祭谋杀有任何的了解。当他被送去酷刑室时，他一直在绳上大叫："耶稣啊！我是无罪的！我祈求殉道者行神迹，因为我是无辜的！"[4] 过了一会儿，以色列承认他在诵经坛上见到了小孩。他说他那时怕极了，变得愤怒，并离开了犹太会堂。"之前为什么没有说真话？"波德斯塔问他。以色列回答："因为他害怕生命受到威胁。"在那之后，波德斯塔问到有关这件所谓的血祭谋杀案的原因、经过及时间，文书则标明，以色列"对于相同的问题，给了不同的答案"。[5] 在进一步的行刑下，他终于"描述"了西蒙的死亡，不过他坚持说自己没有参与杀人。正如他告诉波德斯塔的那样，杀人让他怕极了。[6]

在之后一日的审讯中，以色列继续扮演合作的改教者角色。[97] 他解释了基督徒的血在犹太仪式中不同的用法，又描述了希伯来的诅咒。然后，他告诉行刑者，"我们（基督徒）无法正确地写下这些文字，如果这样能让波德斯塔感到高兴的话，他可以把那些希伯来语和德语词写下来"。[7] 在休息了一小会后，审判继续。波德斯塔这时对其他小孩的谋杀产生了兴趣。以色列一共捏造了四个故事来满足他的行刑者：第一宗案子发生在十四年前的贡岑豪森（Günzenhausen），另一宗由费尔特雷的亚伯拉罕（Abraham of Feltre）犯下，一宗是在帕多瓦附近的普莱比萨赫（Plebissach），发生在特伦托审判的四五年前，最近的一宗则发生在文丁（Wending）。[8]

在接下来的两个星期里，执法官们忙着审问其他五个人。以色列再次出现在酷刑室是在 11 月 16 日。他被问了许多问题，内容有关西蒙之死和他承认知情的、虚构出来的儿童谋杀案。[9]

以色列在 11 月 18 日经过了漫长的酷刑。在他描述了更多这个假想的西蒙血祭谋杀细节后，波德斯塔进一步问到有关其他谋杀小孩的消息。起初，以色列宣称他只是听过这些相关指控，自己没有亲身经历过这些。波德斯塔认为他撒谎，于是命令施加更多酷刑。以色列终于崩溃了，捏造了一个雷根斯堡地区的故事，而对于当地的犹太团体来说，这个故事造成了严重的后果。文书记录了他的供词：八年前，在雷根斯堡，当时以色列暂住在撒母耳处。有个名叫约泽尔（Jossel）的犹太人在逾越节前花了十个达克特从一名乞丐手里买了一个基督徒小孩。在逾越节时，包括他在内的二十五六名犹太人，用针刺那名男孩，再用他的血举行仪式。他又指认了十四名雷根斯堡的犹太人，包括希尔施（Hirsch）、别名“施特劳宾根”的萨亚尔（Sayar alias Straubingen）、迈尔·海勒（Mayer Heller）、古特金德（Gutkind）、迈尔·帕维曼（Mayer Pawman）、埃贝林（Eberlin）、“大高个”雅各布（Tall Jacob）、伊萨克、布里克森的里茨亚德、约泽尔拉比、博泽尔·杜斯（Bozzel Thoz）、西蒙·哈特拉兹（Simon Hattlaz）、撒母耳·卡尔布朔普夫（Samuel Kalbskopff）和戈塞尔·富尔辛格（Gossel Fursinger）。[10]

1476 年初，与欣德巴赫就这一审判通信的雷根斯堡的海因里希主教自罗马回程途中经过特伦托，顺道取了一份以色列的

98

供词副本。当海因里希主教回到自己的教区时，这场屈打成招的假想谋杀和提到的名字却成了雷根斯堡另一场血祭谋杀案审判的依据。以色列提到的大部分男人都被逮捕，此外还有一些人受到牵连；所有囚犯都遭到严刑逼供，当中有几个招了供。在雷根斯堡的执法官对犹太人处刑前，皇帝腓特烈三世出手干预了，他提醒雷根斯堡的执法官：作为皇室的臣民，犹太人是由他直接管治的。在经历了僵持之后——其间还夹杂了求情、训令及反对的声浪，1480 年 9 月，雷根斯堡方面终于释放了犹太人，但这已是他们被捕四年半以后的事。[11]

以色列令人惊讶的认罪加强了执法官们对其他所谓的血祭谋杀案的兴趣。在其后的两场审判（11 月 20 和 22 日的审判）中，波德斯塔问他，有没有基督徒小孩在博岑、梅拉或因斯布鲁克遇害[12]，以色列便开始搜寻他以前到过的地方，之后告诉了波德斯塔一堆血祭谋杀的故事。这些故事都是出自他的想象，其中的人名都是他以前遇到过的人的名字。于是，布里克森的里茨亚德——这个曾经花了一个达克特让他抄写和装饰希伯来文手稿的人，变成了雷根斯堡卖血故事中的角色。[13]以色列住在位于费尔特雷的亚伯拉罕家时曾听说过在威尼斯附近的梅斯特雷（Mestre）有一个小孩被谋杀。为了波德斯塔，亚伯拉罕现在成了罪魁祸首。[14]

此后，波德斯塔又问到以色列和宗座特使之间的关系。整整两天（11 月 22 和 23 日），以色列说了一个很长的故事：9 月到 10 月，他秘密接触了威尼斯的犹太人和文蒂米利亚主教，这一秘密行动是为了联系被囚的犹太妇女，确保她们获释。[15]

以下是他的故事：

当宗座特使到达特伦托的时候，他是由萨洛蒙陪同的，后者有从西格斯蒙德手中取得的安全通行证。

　　萨洛蒙找到以色列，给了他一个达克特，又向他保证：如果他肯见一名文书，就会再给他五个达克特。以色列同意了。于是萨洛蒙向他介绍了一个随宗座特使而来的独眼文书。这个独眼人想知道在布翁孔西廖堡所发生的一切事情，尤其是施刑的部分。于是，他们安排了一次见面。深夜里，在夜色的掩护下，文书将以色列带到宗座特使所住的旅馆。房间内，一共有三名男子，分别是宗座特使、神父拉斐尔以及一名老人。由独眼文书充当翻译，因为以色列不会说意大利语，而主教不会说德语。文蒂米利亚主教问到犹太人是否真的杀过小孩以及他们是如何被折磨的。以色列回答说他遭到用绳、硫黄以及热鸡蛋的酷刑。宗座特使则表示想和犹太妇女谈话，但以色列警告说有大量警卫看守这批妇女。文蒂米利亚主教给以色列五十个达克特，叫他去给这些妇女传话，说宗座特使会助她们重获自由。主教又说他离开特伦托之后会先去罗韦雷托，然后再到罗马。不过以色列可以通过萨洛蒙在罗韦雷托联络到他。神父拉斐尔记录了这次的对话。由于文蒂米利亚主教是在 9 月 23 日离开特伦托的，这次会面大约是他离开的几天前。

　　大约过了一个月。到了 10 月 19 日，即他被捕之前的 8 天，以色列自钱庄出来后，在前往午餐的途中发现被人跟踪了。那个陌生人问以色列是否认得他？以色列回答说他不认得。于是，陌生人自我介绍是蒙塔的汉斯·彼得（Hans Peter of Monta），是一名已经受洗改教的犹太人，在这次谈话的六七年前，他们曾

结伴到纽伦堡。以色列于是想起了这个人，两人继续
谈话。汉斯·彼得告诉以色列他患有疾病，到这里是
为朝拜已死的殉道男孩。之后那天，汉斯·彼得来到
以色列店里，说他想和那些被软禁并受到严密看管的
犹太妇女谈话。以色列说不想被卷入这件事。两日后，
以色列又巧遇汉斯·彼得，而后者现在向他吐露了自
己是由罗韦雷托的犹太人派来的秘密，目的是和那些
妇女接触，因为这些犹太人中有一些是特伦托犹太人
的亲属，而那时他们正和文蒂米利亚主教一同为这件
案件请愿。以色列再次拒绝参与。当天稍后的时候，
他见到汉斯·彼得，并终于告诉他，撒母耳的遗孀布
吕莱因目前被软禁在恩格尔的家中；汉斯·彼得可以
透过窗子和她谈话。第二天，汉斯·彼得前来告诉他，
是的，他听了以色列的建议，而且和布吕莱因说上话
了。他问她当局是否曾对这些妇女施刑。至此，以色
列也承认曾被绑在拉肢刑具上，还被逼嗅硫黄。汉
斯·彼得说，其他犹太人听说特伦托的男男女女现在
都受到一些条款保护，不过于 6 月被处刑的那一批犹
太人都曾被酷刑折磨。[16]

100

对于波德斯塔而言，以色列是一名双重叛徒：他背叛了西
蒙和欣德巴赫主教。萨利斯的乔瓦尼可能对这名犹太裔的基督
徒感到不屑，心里大概想的是一堆对改教者充满恶意的谚语
（"狗和改教者都难以学会新把戏……"）。[17]以色列并没有因为
受洗改教而逃过酷刑，西蒙也没有显灵来证实以色列的清白。
由于畏惧死亡，以色列成为改教者沃尔夫冈，还放弃了过去。
不过，在良心驱使下，他无法否认那些不公正（的现象）或者

忽视那些被囚禁妇女的困境。以色列在不同的角色之间摇摆不定，他是漂泊的犹太人，是改教的基督徒，宗座特使的通报人，也是合作的因犯。但有一次，在愤怒之下，他撕开了面具。11月23日的审判中，他承认了他改教的原因：在一开始被捕之后，他因为害怕死亡而要求受洗。这些由文书记录下来的文字，就是他的自白：

> 波德斯塔：他怎样看待基督信仰？
>
> 以色列：他想说真相。他并不相信基督信仰里的任何东西……说天主是从天降临，和人类同行共存，简直就是笑话。他相信的只有天主，此外无他。他也相信犹太信仰是正确和神圣的。
>
> 波德斯塔：如他所说，根据犹太法律，犹太人会杀害基督徒小孩，喝他们的血，他相信这是正当的吗？
>
> 以色列：他绝对相信犹太人杀害基督徒小孩和喝他们的血是正当的。他在复活节时想喝基督徒的血，即使现在受了洗，他还是想如一个犹太人般死去。[18]

101

在无力还击行刑者的情况之下，以色列挑衅般地肯定了血祭谋杀的传说，这是弱者唯一可以利用的武器。

如同闪电的一刹，以色列的愤怒点燃了自己，但这束光瞬间便消失，我们现在又回到了黑暗且不透光的酷刑室。在爆发后的一个星期（11月30日），正如文书告诉我们的那样，以色列显然在没有受刑的情况下讲述了官方版本的西蒙之死的故事。[19] 12月6日，以色列解释道，不同种类的折磨都是为了模仿耶稣受难。[20]

为了败坏他的名声，执法官称以色列是个小毛贼。12月17日的审讯中，在泰尔拉科伯爵的译文和马里法拉的彼得·劳特尔的记录中，以色列承认犯有盗窃罪。9月，他曾经偷过几次存放在撒母耳、托比亚斯和恩格尔家中存货清单上的抵押品。这些东西都是一些小物品，珍珠、银器或是金像、杯子及盘子。他在10月被捕的时候，将所有东西交给了塔楼的守卫汉斯，请他妥为保管。汉斯声称东西还在以色列给他的麻袋里。他去取来了麻袋，所有提及的物品都在里面。[21] 以色列也承认曾在城堡中偷过一些衣服，并交给了厨娘安娜。[22]

假如这些小盗窃案是真实的——毕竟，所有物品都属于这些犹太家庭，以色列拿的也只是他的物品——那么，之后的一段有关毒药的供词则主要显示的是欣德巴赫法庭成员们的妄想症。翌日（12月18日），以色列被刑讯逼供，以承认一个精心设计的、旨在毒害欣德巴赫主教、波德斯塔和长官的阴谋。以色列说的故事如下：9月的一天，他在大法官法庭上见到了一些粉末。现场还有乔格和尼古拉斯两位文书。他们告诉以色列，那是毒药。我们不清楚这些毒药是怎样进入大法官法庭的，不过文书认为，这些毒药是负责装饰书稿的彼得师傅在离开特伦托时留在皮箱里的。在没人注意的情况下，以色列偷了一些粉末，还拿给萨洛蒙看。萨洛蒙打算说服西格斯蒙德释放犹太人；他看起来非常悲观，因为大公打算找出犹太人是否有罪的真相。以色列首先是通过卡斯珀（Casper）——一个在西格斯蒙德总管手下工作的德意志仆人和萨洛蒙见面的。9月的某个时候，卡斯珀来到以色列的钱庄，并表明萨洛蒙想要和他谈话。通过卡斯珀，以色列和萨洛蒙一共进行了两次秘密谈话，两次都是在萨洛蒙下榻旅馆的马厩中进行的。据以色列表示，萨洛蒙叫他暗中监视城堡里的动静，尤其是欣德巴赫的日常活动，然后再毒害他，可能是将毒药放在酒或食物里。如果这些计划都失败了的话，他还可以在布翁孔西廖堡井中下毒。[23]

102

在井中下毒是另一个常常加诸犹太人的罪名。在 14 世纪的大瘟疫过后，在井中下毒在反犹太的议论中随处可见。一方面，对以色列加上这个莫须有的罪名很有可能是为了损害那些打算拯救被软禁妇女的犹太人的声誉。另一方面，欣德巴赫和廷臣有理由相信确有危害他们性命的计划。在文艺复兴时代的意大利，下毒是最常见的消灭敌人之法，王侯宫廷里时常有这种事。但是地位不尊贵的人也会用毒，正如在一个案例中，有个佛罗伦萨女人从犹太医生那里取得毒药来杀夫。在东窗事发后，两人都被判了死刑。[24] 也可能欣德巴赫脑中所想的是针对他的仇杀。总之，对下毒的恐惧感弥漫在整个主教团中。就在对以色列提出指控后不久，1476 年 3 月，又有另一个"下毒计划"被曝光，这一次，波德斯塔指控负责抄写几份审判记录的神父保罗·迪诺瓦拉（Paolo di Novara）也是阴谋的参与者。在司法酷刑下，保罗承认自己和在伦巴第与威尼斯的犹太人合谋，意欲毒害欣德巴赫。[25]

波德斯塔在 12 月 21 日盘问了以色列更多有关萨洛蒙的事[26]。在那之后，因圣诞之故，审讯暂停，在新的一年才重新开始。1 月 10 日，按照确定的法律程序，波德斯塔为以色列提供了一名律师。以色列选了利皮斯的汉斯·玛利亚（Hans Maria von Lippis），尽管他知道无论选了谁，结果都是不会改变的。[27] 在确认了以色列之前承认过的供词的一些细节之后，波德斯塔在 1 月 11 日让汉斯·玛利亚宣誓成为这名犹太青年的律师。[28]

以色列在 1 月 15 日上了布翁孔西廖堡的法庭，从旁协助波德斯塔的是文书博岑的汉斯·黑尔格鲁贝尔（Hans Hellgruber of Bozen）和法庭文书丰多的汉斯；后者将以色列的供词翻译为德语给他听。在改正了几个小错误后，以色列对着供词发誓。之后，他发出最后的咆哮，"就在他被带出去之前，他用德语向

波德斯塔大声说，是魔鬼教他做这一切的，现在他知道自己要
为所做的事而死。不过，他（向波德斯塔）求情，希望得到怜
悯，可以判他速死，好让他能快点死去。波德斯塔在听过这段
话的翻译后表示会考虑，并力促沃尔夫冈向耶稣寻求安慰"。[29]
就这样，以色列演完了他最后一个公开的角色——由邪恶犹太
人转变而来的基督徒叛教者。

新的一年以行刑开始。在 1 月的第 13 日，波德斯塔判拉撒
路和伊萨克绞刑，"用一条长绳绕过脖子，直到（他们的）灵魂
离开身体，身体则永远地被遗弃在那里"。[30] 两日后，以色列被
判轮刑及火刑；约阿夫和小摩西则被判了绞刑。[31] 他们要求受洗，
以换取痛苦较少的死亡方法。多明我会士施莱特施泰特的海因
里希为约阿夫受洗后，将他命名为安东尼，小摩西为马尔切洛
（Marcello）。

行刑台就设在圣马丁城门之外，距离布翁孔西廖堡不远。104
1 月 16 日，群众聚集在那里，等着看基督徒胜利的场面。[32] 负责
为皇室记录会议的皇家文书布雷西亚的奥多里希·威廉（Odoric
Wilhelm）记录了不少有名的特伦托人。当时出席的人有：神学
教授及多明我会士施莱特施泰特的海因里希、天主教学校的神
父即校长彼得·施雷克（Peter Schrec）、曾任采邑主教宫廷大臣
的赫尔曼·申德勒（Hermann Schindelar）、米歇尔院长（Master
Michael）、人称特兰曼努的朗莫托（Langmontol of Trameno）的
尼古拉斯、布尔戈的贝特霍尔德（Berthold of Burgo）、施泰青
的约赫尔（Jochel of Sterzing），以及来自罗马的朝圣客、其他
各地的人。身兼主教座堂议员及欣德巴赫主教代理牧师两职的
约翰内斯·维泽（Johannes Wiser）对两名囚犯说话，这时他们
正吊在绞刑台上，脚刚好踏到平台。维泽问他们是否受洗并愿
意死于基督徒的信仰下。他们回答"愿意"。之后，两人便轮流

背诵信条、《使徒信经》(The Apostles' Creed)、《主祷文》(The Lord's Prayer),并且让他们办告解(general confession)。维泽又劝他们要坚持信仰,将自己交托给基督和童贞玛利亚,思考在人世短短的一生和永恒的救赎。囚犯们尽职地提及了基督和玛利亚之名。在声明和其他犹太人一起犯了谋杀西蒙这一宗罪行之后,维泽要求"无辜牺牲的男孩"为他们在天主面前求情。他们两人都承认自己的罪行,并希望"男孩和他无辜的血"为他们求情,让全能的天主原谅他们的罪行。在说完这些话而这些话被记录下来后,约阿夫和摩西两人便踏上了黄泉路。

1月19日,以色列被拉到同一个行刑场。他先是被绑在车轮上折断四肢,之后再烧死,他被形容为"盗窃者、嗜基督徒的血、啖基督徒的肉的人、施毒者、亵渎神灵者、叛徒,也是基督和天主的敌人"。[33]

第十章　妇女们

除了在酷刑逼供下可想而知的证供，犹太妇女的证词也在 很大程度上反映了她们的生活，包括这场毁掉了她们的家庭的灾难前后的生活。她们还道出被软禁时的生活点滴，以及基督徒邻居施予的援手。她们的证词有助于我们重新建构这三个犹太家庭之间的关系网，尤其是她们在这个社团中的性别角色。简而言之，她们的供词既是这场血祭谋杀案的性别话语，也是犹太妇女的生活零碎片段。

宗座特使团的其中一个要求就是释放妇女和小孩。但不管圭迪奇的巴普蒂斯塔如何坚持，约翰内斯·欣德巴赫还是拒绝合作。对于特伦托当局来说，这些女人不只是"罪案"的目击者；她们也可能是敌对的证人，假如她们被宗座特使团接管， 很有可能会破坏这场审判的合法性。正如我们所知，威尼托的犹太社团曾尝试通过画匠以色列和其他中间人跟她们取得联系。如果事情已经太迟了，救不了男人，他们至少可以救回女人和小孩，不让他们失去生命或被强迫受洗。

在逮捕了男人之后，当局软禁了妇孺，并准备起诉她们。1475 年 11 月，执法官开始审问萨拉和舍恩莱因，不过在罗马方面强烈的反对声音下，审讯被迫延期，一直到 1476 年 3 月才恢复。执法官一共进行了 26 次审讯。波德斯塔想在 1475 年秋天对所有妇女进行审讯，但医生强烈反对对生病妇女行刑。[1] 聚斯莱因，又称"可人儿"（Ducleta），因严重水肿在 1476 年 1 月去世；布吕莱因（恩格尔之母）、居特莱因（恩格尔的姐妹）及安娜（以色列的遗孀及撒母耳的儿媳妇），全都发了很长时间的烧——后二者只在 1476 年春天痊愈时受过审问。所以到最后，只有萨拉（托比亚斯的遗孀）和舍恩莱因（迈尔的遗孀）在 1475 年底受过审问，居特莱因及安娜则是在翌年春天受审的。

性别决定了当局对待女性的方式。对萨拉的第一次审讯（11 月 3 日）在布翁孔西廖堡内的房中进行。波德斯塔想弄清楚对萨拉行刑是否合法。开庭期间，她提到被捕前一些事的细节，但是否认见过西蒙。就在审讯结束，她即将被带离的过程中，波德斯塔介入了。通过翻译，他问萨拉是不是怀孕？她用德语回答道："自从和丈夫分别之后，她没有经历过她的不适（指经期），她的身体开始胀大，但是不确定是不是怀孕。"[2] 萨拉是否知道帝国通常的刑法不允许对怀孕妇女行刑审问？总之，这一点没有帮到她。第二天，11 月 4 日，她被带到波德斯塔室内。在那里，接生婆工匠卡斯珀·戈德施米德（Caspar Goldschmid）的太太检查了她。[3] 文书拉西亚的汉斯（Hans von Lasia）仔细记录了检查结果——是否定的。于是萨拉被送到城堡里的酷刑室。

萨拉的停经是不是更深层不适的外在表现？[4] 作为一个 25 岁的年轻女人，萨拉正处于生育高峰期。她身体的失调会不会是外在世界崩离的反映？她的家庭被撕裂，丈夫遭残忍杀害，小孩从软禁中获释，现在轮到她的身体拒绝跟从自然规律了。正如医学文献很好地证明的那样，停经的原因可以是心理受到重大创伤，遭到监禁，或者营养不良。此外，在这个情况下，也可能会有腹部明显肿大的情况发生，这也是为什么萨拉的外表像是怀孕了。[5] 根据审判记录中她自己的话，萨拉把眼前的混乱和以前更快乐的日子中生理与仪式均有秩序的情况做了对比。她告诉波德斯塔，她习惯在每次行完经后，到撒母耳家中的净身池中清洁自己。自从来到特伦托嫁给托比亚斯之后，她已经到那里进行过三四次净身，最后一次是在逾越节的两三天前。[6] 被捕后，当然，她的月经也停止了。

　　生理时钟受到干扰，自然和身体的秩序混乱——这些现象与审判之间的关系被舍恩莱因明确地提及了。她告诉波德斯塔，她曾听过基督徒的血可以"医治"经期不顺。不过除了在逾越节时，她从来没有喝过基督徒的血，因为"她在 18 年（的婚姻中）从来没有怀过孕，同时也从没来过月经"。[7] 舍恩莱因可能是为了拯救自己而说谎，因为血祭诽谤案把所有力量都归功于基督徒的血，包括"医治"犹太女人经期的力量。她坚称过去 18 年没有来过月经，就意味着她从来没有喝过基督徒的血。在她的故事中，舍恩莱因就这样压抑着自己的身体，来与基督徒对犹太迷信的推测保持一致。[8]

　　假如身体是这些女人供词中的一个主题，那么生命周期就是另一个主题。这四个女人都描述了她们在生命中的不同阶段，包括女儿、年轻配偶、寡妇以及母亲。因此，萨拉回忆了在她父亲的屋檐下度过的童年时光。她还记得自己十三四岁时成了年轻的新娘，20 岁时成了寡妇，之后再婚嫁给托比亚斯，24 岁时成为四个小孩的母亲和继母。[9] 舍恩莱因说她是纽伦堡的泽利希曼和居特莱因的女儿，16 岁时她做了迈尔的妻子，一开始和公婆同住，之后才和撒母耳一家人在特伦托定居。[10] 居特莱因也提到了她的童年，她和母亲与继父的生活，经常性的搬家，和赌鬼丈夫（后来他还抛弃了她）不愉快的婚姻，她的离婚，以及后来和母亲、兄弟的团聚。[11] 最后是安娜，她是"亚伯拉罕的女儿，爷爷是已故的犹太人布雷西亚的拉撒路"，她详细地叙述了她在父

108

亲那所靠近帕多瓦的住宅长大，之后搬到特伦托，成了撒母耳之子及纽伦堡的泽利希曼的孙子以色列的年轻新娘的经历。

对于执法官来说，听这些女人讲自己的故事只是他们次要的兴趣。事实上，审判团只着重于三点：肯定血祭谋杀案的官方版本、决定女人们的参与程度、需不需要调查，以及外面的消息是如何偷传到这些女人手上的。

因为涉及官方版本的故事，人们用绳子引出了想要的答案。没错，执法官没有像对男人般对妇女用刑，而是对女性施以较轻的刑罚，但与其说这个安排是经过细心考虑，倒不如说他们实际上并不认为妇女参与了杀害西蒙一事。且让我们来听听萨拉和舍恩莱因的故事。

109　　在 11 月 3 日第一次受审时，萨拉没有受刑。波德斯塔反复地问她，在被捕的那个晚上，托比亚斯在哪里？虽然萨拉一直说从来没见过死去的孩子，但波德斯塔紧缠不放。"然后，她握紧着手，以快要哭出来的语气说，这是真的，她从来没有见过（那个孩子）。"[12] 第二天（11 月 4 日）在布翁孔西廖堡，对她的审讯继续进行：

> 波德斯塔：她在逾越节那天，有没有离开家，去了哪里？
> 萨拉：离开了，她在那天稍晚的时候，去了撒母耳家，打算净身。
> 波德斯塔：她一个人去的吗？
> 萨拉：托比亚斯和她一起。
> 波德斯塔：他们回家后，托比亚斯再出去过吗？
> 萨拉：她并不知道；她在隔壁房间。

特伦托 1475：一场血祭谋杀审判

　　之后波德斯塔下令剥光她的衣服并把她绑起来，又一次问同样的问题。

　　萨拉：托比亚斯不想要她看到一切。他说她还太年轻。

　　波德斯塔：托比亚斯不想让她看到的是"什么东西"？

　　萨拉：当托比亚斯在消毒溶液（*wasser ausgeprennt*）或准备药物的时候，他不想让她见到。

　　波德斯塔下令将她吊起来。

　　波德斯塔：托比亚斯到底不想让她看到什么？在他们回家和他吃过晚饭之后，他出去了多久？

　　她被吊起又放下。

　　萨拉：大概一两个小时，她不知道。

　　波德斯塔下令将她吊起。

　　波德斯塔：说实话！

　　萨拉：她不知道他有没有出去，即使有，他也没有告诉她。

　　她又一次被吊起和放下。

　　萨拉：如果他们放她下来，她会说实话。托比亚斯很有可能又一次出去了。她不知道他到底想怎样或做什么，因为她正在厨房忙着。

110

　　她又一次被吊起。

　　萨拉：他出去了大约两三个小时。她做家事很忙，有时见到他，有时没见到。

　　她又一次被吊起，还是给出了同样的答案。她"跳跃"或是"舞"了一下*。她要求放她下来，她会说

_____

*　即被吊起和放下。——作者

实话。

　　萨拉：她老公都已经死了，如果她知道关于他的任何事，她都会说的。

　　波德斯塔：她应该说实话。

　　萨拉：她已经说过了。

　　波德斯塔下令将她吊起。[13]

　　这就是第一场审讯的结局。

　　萨拉在 11 月 5 日再次受酷刑。经过了若干次的"跳跃"之后，她终于崩溃。就在这之后，光是对萨拉恐吓要动刑，就足以让波德斯塔听到他想要听的了。萨拉获准坐在椅上，并描述逾越节的晚餐、安息日的仪式、血及其使用方法，还有在诵经坛上死去的小孩，总括而言，就是官方版本的故事。[14]

　　波德斯塔还是不太满意，于 11 月 6 日恢复审讯，又问萨拉是谁把小孩带到诵经坛上的。这个问题引出了以下的对话：

　　萨拉：她昨天获得保证，不会再被问到任何问题。所以他们不应再问。

　　波德斯塔：她现在是否不想说真话？如果是的话，他会命令人把她带走并绑起来。

　　萨拉：她现在会说真话，如果不会危害她性命的话。

　　波德斯塔：她应该说实话。

　　他下令将她绑住并吊起来。

　　萨拉：我知道你想要我死。

　　之后她被带走并绑起。

　　萨拉：你想要我说的事情，终归会导致我死亡。

波德斯塔：她应该说出真相。

111

萨拉：到底贝拉，亦即舍恩莱因，招供了些什么？

波德斯塔：她重述了事实。[15]

　　为了想办法逃避酷刑，萨拉捏造了一个精彩绝伦的故事。她告诉波德斯塔说犹太人掌掴小孩，又要求亲身示范，这个花招让她的手得到了几分钟的休息。然后，她解释了血祭谋杀的动机：基督徒和犹太人之所以成为敌人，是因为犹太人杀了基督。[16]

　　相比之下，舍恩莱因则较易击破。波德斯塔一共审问了她两次，一次没有用刑（11月3日），另一次用了刑（11月4日）。不过舍恩莱因"以她的灵魂发誓，她什么都不知道"。[17]在第三次审问的时候，她重复了官方版本的故事——她见到犹太会堂有小孩，并且示范了怎样掌掴那名小孩。在放她下来，让她坐好之后，她开始说出那些参与了杀害和诅咒的犹太人的名字。她后来问是不是可以让她退下，因为她感到饥饿。波德斯塔向她保证，已经为她准备了丰盛的饭菜，不过她要先说真话。于是舍恩莱因心甘情愿地描述了对西蒙折磨的细节，她又说，迈尔告诉了她这些细节，而她也将其全部告诉了执法官。[18]

　　萨拉的第五次审讯发生在11月17日，这也是该年内对女性的最后一次审讯。[19]在整个11月和12月里，执法官主要集中对男性审讯，特别是对以色列；1月期间执行死刑。对犹太妇女的审讯，是在1476年2月4日恢复的，其中有两次是针对萨拉和舍恩莱因的，到3月初为止，她们都没有再被审问。同时，执法官严格地审问了安娜和居特莱因，都对两者动用了酷刑。居特莱因在3月被审问了五次；而安娜则有七次。除了有关所谓西蒙血祭谋杀的常规问题，执法官还集中关注两件事：其他的血祭谋杀案和宗座特使的到访。

这些女人和她们家的男人一样，也虚构了和过去血祭谋杀案有关的许多传言，以期逃避酷刑。于是在 3 月 6 日，舍恩莱因说了一个三年前在特伦托发生的儿童遇害案，说托比亚斯是主谋，她不知道小孩是德意志人或是意大利人；无论是哪种情况，都没有人报过案说有儿童失踪。[20] 第二天，舍恩莱因重复了这个故事，说是从托比亚斯那里听来的。[21] 当执法官在 3 月 28 日问到舍恩莱因更多有关之前特伦托的所谓谋杀案的细节时，她试图保护犹太男童。她告诉执法官，直到 14 岁或懂事之后，犹太男童才可以参与秘密谋杀仪式；这个社团里的年轻男孩们对这次的杀害事件并不知情。[22] 安娜也重复了这个血祭谋杀的故事。3 月 12 和 21 日，在酷刑下，她承认知道三年前发生在特伦托的一宗儿童谋杀案，而这个故事是她从托比亚斯的第一任太太安娜及其妯娌那里听来的。她是从亡夫以色列那里知道关于这次谋杀的所有细节的，那个小孩和西蒙一样，也是农民的小孩。[23] 之后，3 月 27 日，这个故事第三次也是最后一次由恩格尔的姐妹居特莱因重复了一遍，她说她也是从托比亚斯已过世的太太安娜那里听来的。除了有一些变化——小孩是从一名基督徒妇女那里买回来的，托比亚斯那时有另外的仆人们，而且有一个名为米丽娅姆（Miriam）的虔诚女人留在特伦托过逾越节——居特莱因的血祭谋杀故事详尽地复制了官方版本的西蒙之死。[24]

在被困在这个绝望的处境中的时候，这些女人施展出了微妙的技巧来保护自己。她们利用犹太教做礼拜时两性分隔的规定，主要表现她们在家务上的角色，至于由于血祭诽谤而变为野蛮习俗的宗教仪式，她们只是部分参与。舍恩莱因对此尤其

特伦托 1475：一场血祭谋杀审判

熟练。她在这场所谓的谋杀案的角色，她告诉执法官，是处于被动的：当见到有一名小孩出现在撒母耳的住宅里时，她问布吕莱因男人们要拿西蒙做什么。布吕莱因厉声说："这不关你的事，你去做晚饭就是了。"[25] 性别区隔也为这些女人提供了某些 113 保护。她们被排除在犹太会堂之外，属于她们的领域则是厨房。因此，她们在逾越节晚餐或所谓的血祭谋杀上的角色只限于做犹太人的无酵面饼。准备食物是这些女人的中心议题，而在血祭谋杀案的官方版本里，这一议题几乎不值一提。[26] 如果女人 114 在对犹太家庭的表现里被边缘化了，那么她们也逃过了针对犹太社团的全面恐怖行动。

正如当局所担心的那样，这些妇女在宗座特使逗留特伦托期间，曾经成功地从特使那里收到消息。除了肯定以色列所担当的中间人角色，这些女人的故事还透露出她们曾获同情她们的基督徒的协助，使她们保持重获自由的希望。

宗座特使的到访令她们激动不已。萨拉是从以色列那里听来的，他也告诉她，特使想释放她们，并想和她们谈谈，不过遭到了西格斯蒙德和欣德巴赫的反对。以色列试图鼓励她们，但也担心她们会被送到城堡中分别监禁。不过，萨拉在知道圭迪奇的巴普蒂斯塔并不相信所有和西蒙有关的神迹之后，便对特使抱有极大的希望，并且将这个消息和安娜与舍恩莱因分享了。[27]

甚至在宗座特使来到之前，犹太妇女就曾获得一些勇敢的基督徒的帮助。裁缝罗珀探访了这些女人两次，透过侧路外墙的一个小洞，他告诉她们：萨洛蒙和宗座特使尝试要释放她们。[28] 在这些妇女被软禁在家后，朋友和邻居冒着被惩罚的危险，帮她们偷运信件。安娜收到了亚克的雅各布的信，信被藏在肉里，由雷恩·因斯费尔德（Renn Insfeld）送来。她又收到过六七封萨洛蒙写的信，传信人是毛皮商汉斯师傅的女儿索菲亚。索菲亚把信藏在放鸡蛋和香料的篮子中，趁守卫未察觉，把信传给安娜。女人们仓促读完信后便将它们烧毁。萨洛蒙在信中鼓励她们要振作，因为他会向西格斯蒙德恳求释放她们；罗马的犹太人也争取了教宗对宗座特使的委任，来拯救他们在特伦托的教友。由于她们一起住在撒母耳的家里，安娜可以秘密地将信读给萨拉和舍恩莱因听。圭迪奇离开后，她们写了有关囚禁情况的信给他。索菲亚将信偷运出去，交给父亲，由他将信带到罗韦雷托交给特使。[29] 聚斯莱因虽然被软禁在恩格尔家中，有守卫看守，但也偷运出去了一封信。[30]

由于被视为弱势性别，再加上在宗教仪式中被边缘化，女性较少受到与恶魔般的犹太人形象相符的压力。在审判记录中，她们都是以个人身份出现的。这一点和男人不同，在血祭谋杀案的官方版本之中，大部分男人的个性都被掩盖了。我们了解了萨拉、舍恩莱因和安娜之间的团结。我们能察觉萨拉的脆弱，能欣赏到舍恩莱因的足智多谋，也能感受到安娜的年轻和容易受伤。

或许最鲜明的对比出现在安娜和居特莱因两人之间。23 岁的安娜受过良好教育，出身良好家庭，又是犹太社团领袖撒母耳的儿媳妇。她能说流利的意大利语和德语，也能阅读希伯来语。1476 年 3 月 9 日，在撒母耳家中进行审问的时候，波德斯塔叫安娜描述逾越节仪式，特别是对埃及人的诅咒。安娜回答说不太记得确切的希伯来字眼，不过如果有《哈加达》的话，她可以找到那一段，而那本法典就在她床上。拿到书之后，安娜因为之前行刑的痛楚而无法翻书，不过当别人为她翻到那一页时，她仍然可以辨认出那一段。[31]

相反，恩格尔的姐妹——三十五六岁的居特莱因则出身于很不同的环境。她并不认识希伯来语，但对于流行的巫术倒是相当了解。在被审问到有关基督徒血的力量时，居特莱因告诉波德斯塔这个故事：过去曾有一段时间，克拉科夫的雅各布大师（master Jacob of Cracow）曾经用咒语书教她和聚斯莱因巫术。如果她们把基督徒的血倒入井中，之后站在井边，直到见到自己的倒影，再念闪电咒，便会起暴风雨和下冰雹。为了让波德斯塔明白，"她说出了那些词语，"文书这样记录着，"不 116 过波德斯塔不想把这个记下来，以免招来更大的恶"。[32]

　　恩格尔姐妹的证词也反映了新来的恩格尔一家和其他两个犹太家庭之间的紧张气氛。她表现出坚强和自我防御的特质，这或许是来自她对生命的失望。至迟在 1476 年 3 月 11 日，在酷刑折磨下，她开始为兄弟的家人辩护。在肯定没有家人涉及这宗所谓的谋杀案的同时，居特莱因将罪名转嫁到另外两个家庭身上，又向执法官承认已死的嫂子／弟媳聚斯莱因向她讲过，是撒母耳和托比亚斯两家杀死那名男孩的。[33] 可是，她对家庭狂热的忠诚对当局的意义并不大；他们确信罪名不应由一家或两家人，而应由所有的犹太人来承担。

第十一章　罗马的裁决

　　1476 年 4 月 3 日，教宗西斯克特四世在一封语气强硬的信中警告欣德巴赫主教："因为你对犹太人的审判，我们派了尊贵的弟兄文蒂米利亚主教圭迪奇的巴普蒂斯塔到你处。你很清楚，在神圣的罗马教会中，我可敬的弟兄枢机成立了委员会来处理此事，而这个委员会也已经发出了强力的禁令。然而，我们了解到⋯⋯你每日都在采取新的手段对付上述提到的犹太人。"西斯克特四世威胁要中止欣德巴赫的职务，命他停止"再做任何危害犹太人或是他们的产业的事，并要释放所有妇女和其他还在世的人"，让他们到一个安全、舒适的地方去。[1] 欣德巴赫服从了命令。特伦托对犹太妇女审讯的中断标志着一个戏剧性的转变：现在，欣德巴赫的行为和血祭谋杀审判本身成了调查对
象。场景转变到教廷；演员变为枢机、人文学者以及大使们；情节则因为外交策略、贿赂、影射和委员会的审议而变得更复杂了。这场戏在 1478 年 6 月才终于落幕，即罗马方面委任了枢机委员会整整两年半之后。

　　教宗西斯克特四世任内改变了罗马。这个"永恒之城"由一个人口不旺的荒凉中古小区变为基督教世界中的荣耀之都，有着壮观的教堂、公共建筑和宫殿。这大部分要归功于西斯克

特四世。他将 1475 年定为"禧年",重修教堂,建立一座以他的名字命名的、跨越台伯河(Tiber)的新桥,吸引了许多朝圣客来到罗马。身为艺术和知识的赞助人,西斯克特四世还委托建造以他的名字命名的小礼拜堂和梵蒂冈图书馆,又鼓励人文学者留在教廷。最后,他还扩充了枢机团,他任内一共委任了34 名枢机(包括他的六名子侄),把罗马教廷塑造为欧洲的主要法庭。[2]

不同民族的人在罗马落地生根,聚居为邻,甚至自成一区,有自己的市集和做礼拜的地方。犹太人的定居区可以追溯至 3 世纪,主要集中在台伯河右岸,有强烈的共同传统,有自己的犹太会堂、医院、学校、印刷工坊及司法自主权,这些都获得 了教宗和城市当局的许可。1454 到 1484 年的公证记录中,共有 402 名犹太人,其中大部分是男性。相形之下,第一次罗马人口调查(1526—1527)所记录的犹太社团里共有 373 个家庭和 1772 个人。1475 年的犹太人口数大约和 1526 年的数目相近。[3] 在其他的犹太社团中,最重要的行业是银行业,而在罗马,医生才是最重要的职业。他们受到基督徒的敬重,犹太医生医治了许多非犹太病人,包括教廷的成员。[4] 其他行业包括各式各样的手工业和借贷业,尽管它们的规模都比较小。

在罗马,犹太人和基督徒和平共处,一起做生意,互相为对方的合法交易担任见证人和担保人。即使是犹太的改信者,也会和仍在犹太社团里的亲友保持联系。这种宽容的社会背景主要得益于罗马犹太人和教廷之间的关系。在承认教宗权力的同时,犹太人也承认他们在政治上依附于教宗,而在文艺复兴期间,教宗的世俗权力越来越受到强调。1459 年,教宗首次实行犹太税。1472 年,西斯克特四世在教宗任期内,这一征税行动取得了部分成功。[5] 除了在财政上对教宗有贡献,罗马的犹

119

太人更参与了教宗选举。在枢机会议投票选出教宗后，教宗游行队伍会由圣彼得教堂抵达圣约翰·拉特兰教堂（St. John Lateran）。这时候犹太社团的领袖会在蒙特焦尔达诺（Monte Giordano）会见教宗及其行列，并且献上《摩西五经》（犹太律法书），希望得到他的认可。新教宗举起《摩西五经》，赞扬其中的律法，但谴责犹太人的诠释，之后按仪式把《摩西五经》摔到地上。[6]

在特伦托血祭谋杀审判的消息传到罗马之后，犹太社团上诉，要求教宗干预。宗座特使回来后，犹太社团的领袖继续向教廷请愿，有时还附送大额礼金。然而，他们是梵蒂冈宫殿的外人，不熟悉其权力的通路。

教廷的政治围着两个轴打转：其一以枢机团为代表，这是个寡头组织，聚集了教会中的显要，教宗就是由这个阶层选出来的。另一个是以得宠者为主，他们是教宗的贴身随从，其中大部分都是教宗的子侄。这两个轴都以教宗西斯克特四世为中心点，他在任期内引荐许多子侄到教廷，其中六人加入枢机的行列。不同的力量推动着这些轴，这些力量包括外国王室的干预、国家教会的利益以及意大利大贵族家庭的野心。教廷集中的财富和权力是前所未有的，它创造出一个伟大的文化；它的艺术、人文以及建筑，都代表着罗马复兴的光荣，无论在精神还是世俗的角度都是如此。

欣德巴赫了解这样的一个世界。身为代表皇权的外交大使、教宗庇护二世的朋友以及收集人文学者手稿的收藏家，他在教廷有许多的人脉。[7]虽然在罗马的调查持续了两年半，但欣德巴赫的坚持和他对教廷政治的理解，最终都获得了回报。

1475 年底，西斯克特四世委任了一个由六名枢机组成的特别团体，接手之前宗座特使的工作。除了两名出身威尼斯贵族的枢机马可·巴尔博（Marco Barbo）和乔瓦尼·米基耶（Giovanni Michiel，他们都是前教宗保罗二世的子侄），弗朗切斯科·贡萨加和三名来自阿雷佐（Arezzo）、塔拉索纳（Tirasonense）和拉韦纳（Ravenna）的枢机也参与了行动。贡萨加是曼托瓦公爵的幼子，是一种新类型的枢机，委任他是为了保障意大利大贵族的政治权利。在他的众多圣职中，其中之一就是特伦托主教座堂的议员。这个委员会中，最出众的委员或许要算是巴尔博枢机，他是维琴察的主教，以简朴和虔诚闻名。他亦是一位受过训练的法律学者，罗马重要的人文学者兼教育赞助人。[8]

在获得有关派遣这个特别团体的消息后，欣德巴赫在第一时间派遣了两名大使到罗马。在到达后，这两名法学家——欣德巴赫的秘书威廉·罗塔勒（Wilhelm Rottaler）和阿浦洛维努斯的阿浦洛维尼斯（Approvinus de Approvinis）——就去克里斯托福罗·德拉罗韦雷（Cristoforo della Rovere）处献殷勤，德拉罗韦雷是塔兰塔斯大主教（archbishop of Tarantas），也是教宗的子侄。德拉罗韦雷对他们表示欢迎，并保证会协助完结这个调查。欣德巴赫通过他的这些使节可以持续收到来自罗马的新闻和小道消息：圭迪奇的巴普蒂斯塔是如何失宠，不再讨西斯克特四世的欢心的；巴尔博枢机是如何对犹太人抱同情态度的；犹太人是如何千方百计地对付欣德巴赫的。[9]

在预先得到警告的情况下，欣德巴赫有机会调动他的力量。他在 2 月 22 日写信给巴尔博枢机，否认了没收犹太人财产的指控，除了一些捐给教区图书馆的书；他抗议调查侵犯了他在俗的司法权；他指责文蒂米利亚主教是承诺要还犹太人自由的犹太人的朋友。最后，他以为西蒙请愿作结。[10] 和对付宗座特使的方法一样，欣德巴赫把注意力集中在西蒙的殉道和神迹上，而不是审讯过程中的行为上。1476 年 8 月底，他把和小西蒙有关的神迹记录呈交给了枢机委员会。[11]

欣德巴赫在为自己的意见辩论时毫不退让，而且得到了很多人的支持。根据他信中的内容，威尼斯和维琴察的方济各会都是他强而有力的支持者。在维琴察，神父尼古拉斯把他四旬期的讲道主题定为小西蒙的殉道。在威尼斯，神父米兰的米歇尔（Michael de Milano）在布道坛上不知疲倦地传播西蒙的故事，因许多神迹归功于西蒙而祝贺了主教。作为回应，欣德巴赫把西蒙的遗物赠给了这些方济各会士，而方济各会士则保证会在威尼斯贵族间及罗马施加他们的影响力。[12] 至于在俗圣职人员之间，雷根斯堡的海因里希主教（Bishop Heinrich of Regensburg）和费尔特雷的安杰洛主教（Bishop Angelo of Feltre）都宣布支持欣德巴赫。1476 年 10 月 15 日，海因里希写信给欣德巴赫，称他是"最尊敬的朋友"并派他的神父格雷戈留斯·格里施佩克（Gregorius Griespeck）到罗马，为欣德巴赫辩护。[13]

在这之后，我们就该讨论犹太妇女了。1477 年 1 月，特伦托当局以胜利的姿态宣布为三名犹太妇女和一名犹太男人施洗。在 1476 年 4 月初暂停审讯之后，犹太妇女在官方的审判记录中失踪了，直到她们于 1477 年 1 月受洗。她们仍然遭到软禁，被迫和孩子分隔，而宗座特使已于 1475 年下令释放了她们的孩子。妇女其实是采邑主教手中的抵押品。她们的沉默是否证明她们的灵魂已经崩溃？只有生存才是最重要的。她们已无力再抵抗压制和劝导了；或许她们觉得受洗才能救她们一命吧。

1477 年 1 月 13 日，"在庄严的晚祷之后"，舍恩莱因、安娜、萨拉和萨洛蒙（托比亚斯的厨子）在布翁孔西廖堡主教座

特伦托 1475：一场血祭谋杀审判

堂里的圣安德烈小礼拜堂（Chapel of St. Andrea）前现身了。[14] 一群人也逐渐聚拢：教宗使节巴萨诺的亚历山德罗·马杜斯博士（Doctor Alexandro de Madus de Bassano）、安布罗修斯·斯塔斯柏（Ambrosius Staspel）、乌都尔里克·利希特施泰纳（Udulric Lichtensteiner）和主教的兄弟康拉德·欣德巴赫（Konrad Hinderbach），他们代表圣堂的主教座堂议员；法学博士泰尔拉科的安东尼奥（Antonio de Terlaco）的两个儿子领主保罗（Paulo）和乔治（Georgio）。此外，还有主教法庭的贵族与仆人。当然，欣德巴赫自己也在场。在他们移向祭坛之后，女人们"谦卑地要求受洗"，按照文书的说法，她们"还向天主、童贞玛利亚、众天使、使徒以及圣人们祈祷"。欣德巴赫问她们是不是想受洗，是否是"自愿的，内心没有任何排斥、暴力、恐惧、恐怖和联想，只是单纯地出于天启和自己的意志……以及良心。内心是否没有任何假装的哀伤或是欺诈，纯粹为了保持基督信仰直至生命终结，带有坚定和真诚"。在这个提示下，此前做过多 123 次预演的三个女人很快清晰地用德语回答："是。"欣德巴赫准许了她们的要求。之后他问这些女人是否承认她们的丈夫、儿子和仆人所犯的罪："那些人出于仇恨折磨无辜的西蒙并洒下他的血，为的是侮辱基督徒的血，借以亵渎天主等……正如审讯记录中所记载的那样。"在得到预料之中的肯定答复之后，欣德巴赫问她们是否为男人所犯的罪真心感到抱歉。在关于悔恨和归顺的对话之后，主教警告她们要对抗"犹太人的不忠"，而且，如果她们回到原来的宗教的话，她们就会面对肉体和精神的死亡。然后，欣德巴赫进行了驱魔仪式，先为萨拉驱魔，其次是另外两个人。接着是祈祷和施洗仪式：萨拉改名为克拉拉，舍恩莱因改名为伊丽莎白，安娜则成为苏珊娜。萨洛蒙则由康拉德·欣德巴赫施洗，改名为乔瓦尼。

紧接着，1月26日，更令人感到羞辱的场面出现了。中午时分，这四名改教者穿上白袍并被带到圣彼得教堂。在那儿，他们看了小西蒙的伤口，并且祈祷请求得到他的宽恕。[15] 审判毁了他们的生活；施洗的圣水洗去了他们的身份。在新的化身之中，女人们如幽灵般活着，永远消失在历史的档案和记忆之中。

　　欣德巴赫并没有浪费时间。1477年2月中旬，他的大使威廉·罗塔勒已经将萨拉、舍恩莱因、安娜和萨洛蒙的受洗文件交给了巴尔博枢机。[16] 犹太人的改教令人印象深刻。欣德巴赫的支持者包括罗马教廷中不同部门里有影响力的人；其中三人的名字在书信及其他数据中时常出现：克里斯托福罗·德拉罗韦雷；巴托洛密欧·代萨基（Bartolomeo dei Sacchi），他更著名的名字是普拉蒂纳（Platina）；柏维尼的乔瓦尼·弗朗切斯科（Giovanni Francesco de Pavini）。

　　身为教宗的子侄，克里斯托福罗·德拉罗韦雷的名气不如朱利亚诺（Giuliano），后者是未来的教宗朱理亚二世（Julius Ⅱ）。但是，他的出现反映了教廷的转变，教廷成为一个比较开放的世俗法庭，政治权力的得失和个人的人脉息息相关。他是欣德巴赫的使节们第一批拜访的人之一。就如圣天使堡（Castellan of Sant' Angelo）守卫着梵蒂冈那样，克里斯托福罗·德拉罗韦雷握有教廷最重要的官职。1477年3月，西斯克特四世提名五人入枢机团，其中两人是他的子侄，克里斯托福罗和吉罗拉莫·巴索·德拉罗韦雷（Girolamo Basso della Rovere）。12月10日，他们和教宗的另一名子侄一起成为枢机。[17] 欣德巴赫不仅第一时间来道贺，更感谢枢机不断给他支持。[18] 身为有权势的人，克里斯托福罗的意见受到重视，更遑论他还在教宗那里说得上话。

　　身为罗马学院的成员和人文学者中的领军人物，普拉蒂纳代表了教廷的另外一部分。他是教宗传记《教宗传》(*Liber de vita Christi ac omnium pontificum*)的作者，这本书由教宗西斯克特四世委托创作，普拉蒂纳得到了教宗的赞助，并在 1475 年将此书初稿献给教宗。同一年，西斯克特四世委任普拉蒂纳主持刚成立的梵蒂冈图书馆，这件事因梅洛索·达福尔利(Melozzo da Forli)所绘的湿壁画而永垂不朽。[19] 圭迪奇的巴普蒂斯塔曾在《谴责》中称普拉蒂纳是欣德巴赫的朋友，在对这件案子不知情的情况下，为采邑主教向枢机们求情。[20] 在这件事情上，普拉蒂纳的帮助大到足以让阿浦洛维努斯的阿浦洛维尼斯在对欣德巴赫的报告(报告日期是 1478 年 4 月 20 日)中单独提及。[21]

　　第三个人则是柏维尼的弗朗切斯科，他是罗马教廷的法学家。作为一名神学家和教会法律师，柏维尼的弗朗切斯科在帕多瓦教了多年的书后，被庇护二世传召到天主教最高法庭服务。作为三位辅助枢机团的旁听者之一，柏维尼写了两份有关血祭谋杀审判的案情摘要，在调查结束后由欣德巴赫支持发表。[22] 第一份案情摘要认为特伦托的犹太人的审讯并非例外。这个论点，是基于有关"犹太的奴隶性"(Jewish servitude)的神学及教会规则的，它否认犹太人有完全的法律权利，而这是基于有关"恶名昭彰者"的法律原则的。第二份法律摘要否定了安泽利诺·奥斯托赫的证词和宗座特使的工作。更有甚者，柏维尼指控圭迪奇超越了他的权力范围，因为他另外举行了审判而不是观察特伦托事务的发展状况。而且，他暗中偏袒犹太人，释放犹太儿童，造成他们没有和母亲一起受洗，他们的灵魂也就受到诅咒。"因为犹太人是奴隶"，柏维尼如此宣布，基督徒王公可以帮他们的儿童受洗，而不用家长同意。[23]

　　欣德巴赫在枢机委员会面前强调了三件事。首先，采邑主教认为，血祭谋杀是真实的，所以审讯犹太人也是恰当的。其次，他为自己身为世俗亲王而行使现世的司法权时所受到的干扰而提出抗议。最后，也是最重要的一点，欣德巴赫希望可以把小西蒙封为圣人。

另一方面，文蒂米利亚主教圭迪奇的巴普蒂斯塔看来是在孤军作战。在给枢机委员会的《辩护书》（Apologia）中，圭迪奇的巴普蒂斯塔强硬地站在反对特伦托方面的立场上：

> 最后，希望诸位大人再三考虑由于在特伦托发生的事而即将降临到基督教身上的危险，以及那些会流传到无知、没有学识者以及一般人口中的谎言。正如我们所知道的那样，真正的神迹经常由天主施行，目的是增强信仰，所以神圣的教会博士们（holy doctors of the Church）确定，那些人类耍花招或小聪明编造的神迹会引致同一个信仰的毁灭。按照《圣经》，显而易见，敌基督会施行假神迹，而不是真的，因为没有更强力的武器、没有更有力的辩证、没有更有毒的谎言能比这个假神迹和这个欺骗的发明更可以毁灭信仰了。它们甚至引发了对使徒、以往的殉道者及圣人的神迹的怀疑，然而这些全部都是杰出和真实的神迹，不是假神迹。[24]

126　　欣德巴赫的支持者抨击圭迪奇的巴普蒂斯塔是"喜爱犹太人的人"和"敌基督派来的奸细"，圭迪奇的巴普蒂斯塔对此则予以大力回击。在一封给普拉蒂纳的私人信中，他认为特伦托人把小西蒙和基督联系在一起是非常鲁莽的。"当我负责主理罗韦雷托的法庭时，"他写道，"特伦托当局的检察官胆敢在公众面前而不是私下里提出抗议，他和特伦托人如崇敬基督般崇敬他的圣人，或者用他的话来说，如崇敬弥赛亚般崇敬他。他们喜爱他的程度，按照他的说法，要超过他们对所有的童贞、殉道者、使徒以及天主的教会中的诸圣人的喜爱度。"在这封信中，圭迪奇的巴普蒂斯塔问普拉蒂纳："您能在不发出最难听的责骂的情况下为这种被人耳厌恶的东西辩护吗？" [25]

枢机们面对的是一件棘手的案子。由于对于尚未被肯定的神迹报告有所怀疑，中世纪晚期的教会对于一切涉及地方及大众"被赐福之人"（*beati*）的决定都采取审慎态度。特别地，教廷更一直拒绝认可血祭谋杀案的受害者，尽管对他们的崇拜在英格兰、法兰西和德意志都很普遍。[26]然而，如果谴责这一审判，将会引发极大的丑闻：欣德巴赫是一名有着强大人脉的重要采邑主教；特伦托是帝国的一部分，西格斯蒙德大公也已经认可了这个审判；有关小西蒙的崇拜也越来越流行，不单是在特伦托，在邻近的维罗纳和伦巴第也是如此；连教宗所属的方济各会也是这一崇拜有力的支持者。

如同所有委员会般，枢机委员会花了不少时间去完成这些令人劳累的任务，例如收集证词、检验文件和长时间的商议。人事变动更进一步拖慢了这件事情的进展。[27]1477 年 2 月，贾科莫·阿马纳蒂·皮科洛米尼枢机（Cardinal Giacomo Ammannati Piccolomini）取代了久病过世的拉韦纳枢机。[28]事实上，1470 年代有九位枢机过世并被出于政治考虑而任命的世俗之人取代。[29]再说，遇到教宗和枢机团有其他事情要先行处理时，行政的拖延也是常有的。1478 年 1 月底，阿浦洛维努斯的阿浦洛维尼斯在写给欣德巴赫的一封信上提到商议的结果及他对结果的信心。[30] 在那之后，西斯克特四世就病了，教宗训令也就延迟发布了。3 月，圭迪奇的巴普蒂斯塔提出要求，希望将犹太

127

妇女引渡到罗马审判，但遭到了拒绝。[31]谣言也在城中流传起来，其中一个来自罗韦雷托和罗马的犹太人社团。根据这个谣言，哈布斯堡王朝派军队控制了特伦托，俘虏了欣德巴赫，这一度让欣德巴赫的特使提心吊胆。[32]另一个在4月中传遍罗马的谣言则与亵渎圣体和犹太人在巴伐利亚被烧死有关。[33]在这个春天剩余的时光里，西斯克特四世都在努力避免帕齐阴谋（Pazzi Conspiracy）引发罗马和佛罗伦萨之间的战争。这个令人无法容忍的计划的促成者是教宗的子侄吉罗拉莫·里亚里奥（Girolamo Riario）。这个失败的尝试意在行刺佛罗伦萨的美第奇的洛伦佐（Lorenzo de' Medici），并建立一个亲教宗的行政机构。

最后，柏维尼的法律意见成了枢机报告的基础。1478年6月20日，教宗颁布了训令。西斯克特四世消除了对欣德巴赫所有的猜疑；枢机委员会费尽力气检查了所有相关文件，宣布审判是在符合一切法律程序的情况下进行的。西斯克特四世表扬了主教的热心，但出于内疚，他也劝导欣德巴赫，不要准许任何与1247年教宗英诺森四世法令（这个法令禁止一切和血祭谋杀有关的审判）有所抵触的事，包括推广西蒙崇拜和不服从教廷或教会法规。此外，西斯克特四世禁止任何基督徒在没有教会的判决下，利用这件事或其他机会杀害犹太人和残害他们的肢体，或者强取他们的金钱，或者不容许他们进行法律许可的犹太仪式。教宗诏书的结尾更要求欣德巴赫让小孩和已经受洗的母亲团聚，并且归还这些女人被充公的嫁妆。[34]

欣德巴赫的支持者因这一教宗训令欢呼雀跃。然而，这个裁决甚至说不上是一个平反。虽然西斯克特四世证明欣德巴赫无罪，但他不仅依据英诺森四世的法令谴责了血祭谋杀审判，更用强烈的言词禁止对犹太人使用暴力。

不过，这个结果对于特伦托来说仍然是一个胜利。小西蒙

特伦托1475：一场血祭谋杀审判

崇拜日渐流行，而这正是由于欣德巴赫和方济各会不知疲倦的推广。在长久的反犹太论战中，方济各会一直宣传要禁止犹太人的放债活动，并为穷人成立基督银行——"怜恤之山"（*Monte di Pietà*）。[35] 西蒙成为一个新目标，西蒙之死也成了方济各会士偏好的传教题材，特别是在四旬期的讲道之中。小西蒙之死也被描绘在湿壁画里；圣像画时常将"殉道"置于耶稣受难的语境下，而"胜利的圣西蒙"或是采取小耶稣的姿势，或是有童贞玛利亚陪伴。几乎在意大利北部所有方济各会的教堂中，都可见到小西蒙的壁画或者表现西蒙的圣像。[36]

　　教宗的善意没能阻止反犹太的暴力。1478 年，血祭谋杀的指控落在了雷焦（Reggio）和曼图亚的犹太人身上。1479 年，在米兰附近的阿里拿（Arena）出现了类似的审判。1480 年，几个住在特雷维索附近布福拉港（Portobuffolà）的犹太人，因为绑架儿童的罪名而被处刑。同一年，人们在维罗纳也听到了类似的指控。[37] 反犹太事件的链条在维琴察体现得十分明显：从 1475 年宣称谋杀西蒙的报告，到 1476 年方济各会士尼古拉斯在四旬期的讲道，再到 1479 年对一切与犹太放债人签订的合约的终止，最后到 1486 年对所有犹太人的驱逐和"怜恤之山"的成立。[38]

　　如果说方济各会士协助激起了意大利北部人们对"小殉道者"的崇拜，那么特伦托在神圣罗马帝国的位置就将对小西蒙的崇拜传至奥地利和德意志南部。可以预料到的是，在蒂罗尔这个饱受血祭诽谤灾祸的地区，产生了描述西蒙的绘画及其他圣物。[39] 特伦托审判刺激了当地有关儿童谋杀的传说：1475 年，1442 年利恩茨（Lienz）所谓血祭谋杀的故事首次被记录下来；林恩（Rinn）男孩安德烈亚斯·奥克斯纳（Andreas Oxner）于 1462 年遭到杀害，死后以犹太人的受害者身份受到尊重。[40] 西蒙的故事同样影响了因斯布鲁克宫廷。根据欣德巴赫的记录，尽管西格斯蒙德大公在一开始表示反对，但后来又认可了审判。[41] 西格斯蒙德在因斯布鲁克的继承人马克西米利安，除了是他的侄子和皇帝腓特烈三世的儿子，也是西蒙崇拜的强力支持者：早在 1479 年，当他还是年轻皇子时，他就展现了对这方面的兴趣。[42] 为了尊敬西蒙，他立了一座银铸的纪念碑，碑的底座上还有黄金铸的献词。[43] 1495 年，他命令特伦托圣彼得教堂的教长打开西蒙的棺材，以供虔诚的教徒瞻仰[44]；当马克西米利安在 1508 年登基时，在一次旨在庆祝他登基的巡游中，西蒙的遗物得以展出。[45] 通过书本、编年史以及民谣，小西蒙"殉道"的故事传到了广阔的德意志中部和南部地区。[46]

　　和基督徒的赞颂形成强烈对比的是，犹太人以伤感和愤怒的声音来纪念特伦托事件。最早的证据是《基纳》（Kinah），又称《特伦托的悲叹》（Lamentations of Trent），由维罗纳拉比所罗门·利未（Solomon Levi）所著，他是撒母耳、布吕莱因和以色列一家的朋友。[47] "特伦托的山啊，愿您不再降雨露 / 七次你必然塌陷、不能复起。"这就是《基纳》的诗节，它模仿了圣经的韵律（《撒母耳记》下卷第一章第 21 节及《阿摩司书》第五章第 2 节），以及犹太祭司对这一城市和其疆域（herem）的诅咒。[48]《特伦托的悲叹》大约是在 1475 年下半年完成的，只提到了撒母耳和以色列，他们为了信仰而慷慨赴死。由西班牙系犹太人约瑟·本·乔舒亚·哈科因拉比（Rabbi Joseph ben Joshua ha Cohen, 1495—1575）所著的、较为晚近的《眼泪之谷》（Emek Habacha）一书则对特伦托之事有较长篇幅的记录。《眼泪之谷》一书大约成于 1558 到 1563 年之间，是一本记录犹太人受难的编年史。在"犹太历的 1 月（Nisan）的 15 日，第 5235 条"

特伦托 1475：一场血祭谋杀审判

细目之下，约瑟拉比巨细靡遗地叙述了特伦托事件：他认为，安泽利诺（他称之为恩佐）是杀害儿童的凶手，也是安泽利诺将尸体放在撒母耳的住宅里的；他赞颂"摩西"（Moscheh，即老摩西）这个到死也没有招供的人；他提到所谓的神迹、宗座特使的到访、民众对特使粗暴的对待，以及罗马的调查。在这份记录中，欣德巴赫是头号坏人，安排审判来抢夺犹太人的财产。约瑟拉比因教会"直至今天"也拒绝将西蒙由被赐福之人（beatus）提升为圣人（sanctus）而感到安慰。他亦祈求天主"揭开那些遮住人们眼睛的面纱，这些人有着未受割礼的心，相信这些不实之事"。[49]

在努力受挫后，圭迪奇的巴普蒂斯塔离开纷扰的罗马，到贝内文托（Benevento）担任总督。1480 年，在担任教宗驻法国使节之后，他欣然重返教廷。1484 年，他受命成为帕特拉索（Patrasso）总主教。而就在同年 4 月 15 日，在就任新职务之前，他在罗马过世。[50]

西斯克特四世于几个月后的 8 月 12 日与世长辞，留下一座充满他的纪念的城市。

欣德巴赫热衷将西蒙列入圣人的行列，却没能活着见到小殉道者封圣的情形。他于 1486 年 9 月 21 日在特伦托去世。

在担任特伦托的波德斯塔任期届满后，萨利斯的乔瓦尼便回到他的出生地布雷西亚。他在 1480 年布福拉港的血祭谋杀一案中担任法律顾问，这件案子中有 4 名犹太人被处死。[51] 1493 年，萨利斯的乔瓦尼遇见方济各会士费尔特雷的贝尔纳迪诺，后者正在呼吁抵制犹太人的借贷业。[52]

没有任何涉及萨洛蒙、萨拉、舍恩莱因、安娜、居特莱因和他们的孩子的记录。

131

后 记

132 　　"小西蒙"又"活"了很久。在特伦托的圣彼得教堂内,有一个小礼拜堂专门被献给他的"殉道"。在严守教规的方济各会士和人文学者的大力推动下,西蒙崇拜扩散到了意大利北部和德意志南部的许多社团当中。[1] 1545 到 1563 年召开的特伦托大公会议界定了反宗教改革的教义和属性,会上,小西蒙也吸引了许多到访的教会要人。1588 年,教宗西斯克特五世（Sixtus V）正式批准了地方对小西蒙的崇拜。17 世纪,许多诗歌、圣徒传、绘画以及其他肖像形象都赞颂了这个无辜小孩之死。

　　在怀疑派批评血祭谋杀案官方版本故事的同时,也存在西蒙崇拜的支持者。德意志新教教徒克里斯托夫·瓦根赛尔（Christof Wagenseil, 1633—1705）出版了一本专著,质疑以往所谓的血祭谋杀的真实性。[2] 1747 年,方济各会士贝内戴托·博内利（Benedetto Bonelli, 1704—1783）采用过往的审判记录出

133 版了第一部严肃论著——《特伦托殉道者被赐福的小西蒙的护教论说》（*Dissertazione apologetica sul martirio del Beato Simone da Trento*）。正如这个题目所点出的那样,这本书维护这一崇拜,希望逐点反驳瓦根赛尔著作中的论点,并且是按圣徒传的传统来叙述的。

　　另一部全面为西蒙崇拜辩护的论著是两卷本的《特伦托的

被赐福的小西蒙的故事》（*Storia del Beato Simone da Trento*），于 1902 年出版，出自特伦托神职人员朱塞佩·迪维纳（Giuseppe Divina）教士的笔下。挑战再一次来自北面，这一次的挑战者是在柏林教授新教神学的教授赫尔曼·斯特拉克（Hermann Strack）和德国犹太历史学家莫里茨·施特恩（Moritz Stern），后者分别在 1892 年和 1893 年撰书批评血祭谋杀审判。斯特拉克收到了新一波的血祭谋杀指控开始席卷中欧及东欧的提醒，为此出版了一本慷慨激昂的著作，揭露反犹太的恶行和有关犹太仪式使用基督徒鲜血的迷信。[3] 施特恩本人收集并出版了批评血祭谋杀审判的教宗诏书，并亲自到访特伦托。迪维纳带着怀疑回忆了他的到访。[4] 面对来自德国的基督新教教徒和犹太人的夹攻，迪维纳认为梵蒂冈出版的《天主教文化》（*La Civiltà Cattolica*）刊登了放置在梵蒂冈档案室的 1475 年的审判记录这一点并不足以说明问题。[5] 迪维纳看了在那时的特伦托可以找到的和审判相关的几乎每一份文件。但他的书主要还是重复官方版本，不过是用他那丰富的想象力填补了档案的缺缝，并重现了一个使人觉得连贯、深刻和顺畅的故事，从而创造了一个新的反犹太事件，可以加入血祭谋杀的历史中。

若这些教会的辩护者重复官方版本来为审判辩护的话，他们是不会受到质疑的。约瑟夫·舍雷尔（Josef Scherer）在他一本有关奥地利犹太人的法律史《奥德两地的犹太法》（*Die Rechtsverhältnisse der Juden in den deutsch-österreichischen Ländern*）中，也曾审查过一些因斯布鲁克的审判记录（之前有关采邑主教的记录曾由特伦托移至因斯布鲁克，一直到 1919 年才移回特伦托）。这本于 1901 年在莱比锡出版的书，论证了指控是不成立的，并且指责特伦托当局在 1475 年进行了非法审判。1903 年，朱塞佩·梅内斯特里纳（Giuseppe Menestrina）出版了一篇甚有影响力的文章。他饶有深意地将这一文章命名为《特伦托的犹太人》（The Jews of Trent），而不是《特伦托的西蒙》（Simon of Trent）。这篇批判性的历史分析含有自由的反教权主义色彩，其中费尔特雷的贝尔纳迪诺以及流行的天主教迷信都被视为邪恶力量。[6]

20世纪的几件大事改变了对特伦托审判的论述。屠杀犹太人、德国侵占意大利、第二次世界大战，都让这个故事的另一方叙述有了一个极其不同的背景。天主教会的里里外外都能听到不同的批评声音。1963年，杰玛·沃利（Gemma Volli）抨击了西蒙崇拜，指责方济各会的传教士和德国移民在特伦托进行反犹太活动。[7]1964年，德国多明我会士威尔哈德·保罗·埃卡特（Willehad Paul Eckert）在检视所有审判记录后，出版了一份批驳这一崇拜的历史研究。[8]最后，在1965年第二次梵蒂冈大公会议之后，教宗下令废除了这一崇拜。[9]不久前，自以为是和煽情的、旧官方版本的故事也让位于一个多愁善感但不加批判的反面故事。[10]

若说血祭谋杀案的记录仍然包含了过去不同的声音，那么小西蒙之死的纪念碑已经失去了它们原有的含义。这个殉道男孩的精神一度弥漫在纪念他的建筑和碑石上。1965年后，他的遗骸被移出圣彼得大教堂，埋葬到地里安息。今日，到特伦托的游客可以花几分钟，由省档案馆走到曼奇路（Via Manci），站在萨尔瓦多里府（Palazzo Salvadori）——1475年撒母耳的房子及所谓血祭谋杀的地点前。这栋巴洛克风格的府邸门上装饰着两块浮雕，描绘了西蒙的死亡和升天。几个世纪以来，这些石像一直在无声地诉说着有关西蒙、撒母耳、托比亚斯、恩格尔以及犹太人在特伦托的官方故事。今天，它们已经失去了魔力，变回普通的石头。

特伦托1475：一场血祭谋杀审判

附录　关于文献来源的说明

　　包括耶希瓦手稿在内，有 11 份完整或部分的审判记录存 137
世。9 份是用拉丁语写的，2 份是用德语写的。安娜·埃斯波西
托和迭戈·夸廖尼在《审判》（*Processi*）中对其中 6 份拉丁语
手稿进行了全面的描述（1: 97—102）；这里对这些文本的讨论
是为了对他们的批评性注解做补充。最后，我将讨论德语和拉
丁语手稿之间的文本和语言学差异。

　　这 11 份手稿的内容如下：

　　一、*Vatican City,* Archivio Segreto Vaticano, Arch. Castel S.
Angelo，n. 6495. 这份拉丁语手稿是欣德巴赫主教于 1475 年 11
月 15 日寄给枢机委员会的。它不包括对班伯格的摩西、雅各布
的儿子伊萨克、瑟拉瓦的拉撒路、家庭教师摩西（小摩西）、约 138
阿夫、画匠以色列、萨拉、安娜、居特莱因和舍恩莱因的审讯。
这份手稿是已出版的批注本——由安娜·埃斯波西托和迭戈·夸
廖尼编辑的《对特伦托犹太人的审判》[*Processi contro gli ebrei
di Trento*（*Processi*）] 的底本；

　　二、*Vienna,* ÖNB, Cod. Lat. 5360. 除对裁缝罗珀的审讯外，
所有人受审讯的内容都包含在这份拉丁语手稿中。这份手稿首
先被送到皇帝腓特烈三世手中，然后转交到维也纳市；在皮革

封皮上有"维也纳市民图书馆收藏"（Ex bibliotheca civica vindobonensi）的字样；

三、*Trent*, Museo Diocesano, Cod. S. Pietro. 这本拉丁语手稿是朱塞佩·迪维纳的《特伦托的被赐福的小西蒙的故事》（*Storia del Beato Simone da Trento, comilata sui processi autentici istituiti contro gli Ebrei e sopra altri documenti contemporanei*，2卷本，特伦托，1902年）的主要资料来源；

四、*Trent*, Archivio di Stato（AST），Archivio Principesco-Vescovile（APV），Sezione Latina（SL），Capsa 69（C），n. 1b. 这份拉丁语手稿上写着"1475年特伦托犹太人的审判"（Processus contra iudeos habitus Tridenti anno domini 1475），其中包括基督徒证人和医生的证词，对两个泽利希曼以及撒母耳的儿子以色列、维塔尔、撒母耳、恩格尔、托比亚斯、老摩西和迈尔的审问记录，最后是瑞士人、多罗西娅和裁缝罗珀的证词；

五、*Trent*, AST, APV, SL, C. 69, n. 1c. 这份手稿与 AST, APV, SL, C. 69, n. 1b 相同。这份140页的拉丁语手稿是用三种不同的文书字体写成的；

六、*Trent*, AST, APV, SL, C. 69, n. 2. 这份拉丁语手稿在笔迹和装订上与 AST, APV, SL, C. 69, n. 16 相似。它由对约阿夫、伊萨克、小摩西、拉撒路和摩西的审讯记录组成；

七、*Trent*, AST, APV, SL, C. 69, n. 3. 这份拉丁语手稿上写着"来自勃兰登堡的犹太人莫豪尔之子以色列的审讯记录"（Processus inquisitionis contra Israehelem Hebreum filium Mohar hebrei de Brandenburg），只包括对画匠以色列的审讯（改教者沃尔夫冈）；

八、*Trent*, AST, APV, SL, C. 69, n. 4（I）. 这份拉丁语手稿上写着"萨拉的审讯记录"（Processus inquisitionis contra Sarram），包含了对萨拉、舍恩莱因、居特莱因和安娜的审讯记录；

九、*Trent,* AST, APV, SL, C. 69, n. 4（Ⅱ）. 这份拉丁语手稿 139
由编号为 89 至 210 的未装订对开页组成。它是用一种字体，且
是用黑色墨水书写的，没有其他手稿的红色墨水标题。它包括
对两个泽利希曼、以色列、维塔尔、撒母耳和迈尔以及瑞士人
和罗珀的审讯记录；

十、*Trent,* AST, APV, SL, C. 69, n. 1a. 这份德语手稿的封皮上
有"特伦托殉道者被赐福的小西蒙的神迹之书"（Liber miraculo-
rum beati Symonis Martyri Tridentii）的字样，其内容几乎与耶希
瓦手稿相同。它用黑色墨水书写，标题用红色墨水。可以看出，
有两种字体，在第 324v 页上，一种小一些的文书字体取代了最
初的大法官体。与耶希瓦手稿不同的是，它没有用照明首字母装
饰，而且，为希伯来语《哈加达》选段保留的行位是空白的；

十一、纽约，耶希瓦大学博物馆，1478 年德语手稿，614 页，
12.24 英寸 × 8.5 英寸（310 毫米 × 215 毫米）。这份手稿的首页
有"特伦托的犹太人审判记录"的题词。这份德语手稿成书的
日期在 1478 年 6 月 14 日之后，即教宗训令确认枢机委员会调
查结果的日子。在德语译本中，教宗训令位于开头。它包括大
部分基督徒证人的初步证词和对犹太男女的所有审讯，包括希
伯来语的引文，既有原文也有拉丁语的译文。瑞士人、多罗西
娅和罗珀的证词被排除在外。

显然，现存的审判手稿存在着许多历史和文本问题。在出
版梵蒂冈手稿的准备过程中，安娜·埃斯波西托和迭戈·夸廖
尼出版了一个出色的拉丁语批注本，其中包括来自其他拉丁语
手稿的变体读法。然而，他们没有查阅德语手稿，这些德语手
稿有助于解决某些文本问题，但也会带来新的问题。

拼写的变化，特别是人名和地名的变化——反映了德语、
意大利语和拉丁语之间的多重翻译——造成了一个令人恼火的

问题，但这一问题绝非难以解决。例如，在德语文本中，一些犹太人被用德语名字称呼，而不是以他们的意大利语或拉丁语名字为称呼，因此，泽利希曼代替了博纳旺蒂尔，迈尔代替了莫豪尔（Mohar），恩格尔代替了安杰洛，舍恩莱因和居特莱因分别代替了贝拉和博娜。也许正如期待的那样，耶希瓦手稿在德语拼写方面比《审判》更具有权威性。例如，当巡夜夫安东尼奥罗作证说他听到撒母耳的房子里有声音，让哭泣的男孩保持安静时，他的话在《审判》（文件10，第12页）中被记录为"sbaich pub"，而在耶希瓦手稿（第16页）中，这句话是"sweig pub"。德国的地名在拉丁文本中的记录非常奇怪："Sbircemborg"实际上是维尔茨堡（Würzburg），"Hol de Saxonia"是哈雷（Halle），诸如此类。

《审判》和耶希瓦手稿的其他不一致之处更加难以调和。根据耶希瓦手稿（第93页），"另一个泽利希曼"（博纳旺蒂尔）在1475年3月27日被审讯；《审判》（第153页）则将审讯时间定为1475年3月28日。同样，根据耶希瓦手稿（第147—149页），恩格尔在1475年3月31日被审讯了两次；《审判》（第281—283页）将这两次审讯列为连续两天发生的事，即发生在3月30日和3月31日。人们可以把这些微小的变化归因于抄写员的粗心或过度劳累，但其他不一致的地方，尽管很少，更难解释。例如，耶希瓦手稿（第10页）提到恩格尔的父亲是伯尔尼的撒母耳，但《审判》（第114页）将他称作维罗纳的萨洛蒙（第114页）。

也许我们可以通过重新构建审判程序的一手文本来解决这些文本问题，正如埃斯波西托和夸廖尼所建议的那样。有关原始文本（Ur-text）的想法，尽管可能很有吸引力，但并不能解决真实性的问题；历史学家仍然面临着多种翻译问题——从口语到书面记录，从意大利语和德语到拉丁语，最重要的是，从不再被听到的话语到一段具有悲惨过去的经历。

注 释

引 言

[1] 接下来的这一部分见 R. Po-chia Hsia, "Il manoscritto di Yeshiva sul processo contro 141
gli ebrei di Trento" in Rogger。耶希瓦手稿最初在 1937 年由在美国马萨
诸塞州沃尔瑟姆的犹太历史协会代表莱辛·J. 罗森沃尔德（Lessing J.
Rosenwald）在伦敦苏富比投得，条件是此手稿必须要封藏 50 年，见 "An
Unusual Purchase at Sotheby's", *Recollections of A Collector by Lessing J. Ros-
enwald* (Jenkintown, Pa., 1976), pp. 29–33。为这条注释，我要感谢费城的 G.
N. 克瑙尔（G. N. Knauer）教授。

[2] 关于符腾堡伯爵们的图书馆，见 Volker Press, "Herzog Ulrich (1498–
1550)", in *900 Jahre Haus Württemberg. Leben und Leistung für Land und
Volk*, ed. Robert Uhland (Stuttgart, 1985), pp. 110–135。

[3] 在 1477 年 10 月 9 日发出的驱逐命令，见 A. L. Reyscher, ed., *Vollstän-
dige historische und kritisch bearbeitete Sammlung der württember-
gischen Gesetze*, vol. 11 (1841), pp. 14ff。埃伯哈德的遗嘱，见 Reyscher,
ed., *Vollständige historische Sammlung der württembergischen Gesetze*, vol.
2 (1829), p. 9。

[4] 此信息由维也纳犹太研究所的尼古拉斯·菲尔梅提（Nikolaus Vielmetti）
慷慨地向作者提供。

[5] 耶希瓦手稿，第 1 页（原文是用红色墨水写的）。"Hye hebt sich nun von 142
erst an die pabstlich Bull darinne unser heilig vater der pabst lobt den fleiß
vnd allen gerichts handel der nachgeschribn proceß wider die Juden zu
Trennt von des saligen unschuldigen kindleins genant Simon mit Recht vnd

urtail volfürt, erkennt vnnd erklärt, das sollich proceβ wider dieselbn Juden rechtlich vnd redlich gangen sey, als man hienach vernemen mag."

[6] 耶希瓦手稿，第 4 页。"Nun hebent sich an hie all vnd yed obgemelt gerichts handl vnd proceβ, wie die wider dy gottschenter vnd uneërer des leidens Jhesu Cristi die Juden zu Trennt von wegen des unschuldigen kindleins vnd saligen marters Simon, durch dieselben Juden jämerlich vnd unmenschlich gepeinigt vnd daselbn ermordt mit götlichem recht vnd urtail volfürt vnd gangen sein, vnd von erst von deselben kindleins verlust klag anpringen vnd suechen vnd vorraus von den groβen mercklichen ware zaichen vnd anzaigen auff die bemelten Juden in menigerlay weis, als sich hin nach vinden wirt."

[7] 耶希瓦手稿，第 23 页。"Als aber nun dic Juden auff solliche vorgeschribne merckliche ware zaichen vnd anzaigen von des saligen kindleins wunten, vnd todt, nichts zewissen noch gleich zusagen wolten, haysthet die gerechtigkait vnd so groβer handel，die warhait durch gerichts zwanng vnd ordnung gruntlich zuervorschen, da mit so groβ ubel nicht ungestrafft, vnd nyemant unschuldiger fur was darub angevallen oder verdacht wurd. Darub dann der potestat daselbs ze Triennt schueff die benanten Juden, als er von ambts wegen schuldig was, weyt furzenemen vnd mit gerichts ordnung, wie sich zu sollichen sachen gepuret, erentstlich zefragen, wie wol aber in denselben gichtigungen oder fragen, in den nachgeschribnen processen von erst Bonaventur wällisch oder Saligman Jud in teutsch genant Samuel Juden Koch, vnd nach dem der ander Saligman, des Mayrs Juden stun, zu dem dritten Israhel Samuels sun, zu dem vierden Vital Samuels diener vnd erst zu dem fünfften Samuel selbs, mit seiner frag vnd bekantnuβ geschriben stett，so hab ich doch mit demselben Samuel angefangen, vnd seine process von erst furgenomen, angesehen, das er vast der vordrist vnd mercklich ist, vnd der sachen der maist anweiser vnd ursacher gewesen ist, vnd nach meinem beduncken ettliche ding ordenlicher in seine bekanntnuβ vnd aigenlicher gemelt vnd gesagt hat." 这一在引用中提及的事件（"正如在接下来的审判中所记录的那样"）是在拉丁语手稿中找到的那一事件。

[8] 在文本中，丰多的汉斯被视作审问过程的文书，见耶希瓦手稿，第 387 页、第 389 页、第 486 页。有关彼得·劳特尔，见耶希瓦手稿，第 486 页。见 AST, APV, SL, C. 69, no. 35。

[9] 耶希瓦手稿，第 474—475 页及第 525 页。

[10] 就在本书付印之际，费城的 G. N. 克瑙尔教授提示我要留意耶希瓦手
稿翻译者的身份。伯恩哈德·比朔夫（Bernhard Bischoff）在 1938 年
指出，来自普图伊（Pettau）修道院的多明我会士埃哈德斯·斯特赖特
佩格（Erhardus Streitperger）曾将审判记录由拉丁语翻译成德语，他 143
曾经是基督徒希伯来语学者及反犹太文章作者彼得·施瓦茨（尼格
里）〔Peter Schwarz (Nigri)〕的学生，见 Bernhard Bischoff, "Frater Er-
hardus O.P., ein Hebraist des XV. Jahrhunderts", in *Historisches Jahrbuch* 58
(1938): 615–618; 重印版见 *Mittelalterliche Studien Ausgewählte Aufsätze
zur Schriftkunde und Literaturgeschichte*, vol. 2, Stuttgart, 1967, pp. 187–
191。这个论点之后得到了托马斯·克普利（Thomas Kaeppeli）的支持，
见 Thomas Kaeppeli, *Scriptores Ordinis Praedicatorum Medii Aevi*, vol.
1 (Rome, 1970), pp. 373–374。比朔夫本人在 *Die deutsche Literatur des
Mittelalters Verfasserlexikon,* vol.2 (Berlin, 1980), cc. 582–583 中也重新
肯定了这个观点。埃哈德斯·斯特赖特佩格在 1475 年活跃于雷根斯堡
一带，有可能是欣德巴赫主教将特伦托审判手稿带回雷根斯堡时由他
翻译。不过克瑙尔教授则持不同观点，他认为在德语翻译中提到的翻
译者"告解神父埃哈德"并不是埃哈德斯·斯特赖特佩格，而是另一
个多明我会士埃哈德·帕彭海姆（Erhard von Pappenheim），他是多明
我会位于因斯布鲁克附近因河（River Inn）河畔阿尔滕霍恩（Altenho-
henau）修道院的精修圣人，也是约翰内斯·罗伊希林（Johannes Reuch-
lin）的好朋友。鉴于蒂罗尔到特伦托的距离以及德意志多明我会在此事
件中的角色，克瑙尔的解释和比朔夫的解释一样可信。

第一章 采邑主教

[1] 有关法律文件中权威和叙事手法之间的关系，见 Natalie Z. Davis, *Fiction
in the Archives: Pardon Tales and Their Tellers in Sixteenth Century France*
(Stanford, 1987)。

[2] 强调欧洲长期反犹论点的支持者主要是莱昂·波利亚科夫（Léon
Poliakov），见 Léon Poliakov, *History of Anti-Semitism*, 4 vols. (London, 1966–
1985)。至于近期讨论中古到当代反闪族和基督教之间的关系，见
David Berger, ed., *History and Hate: The Dimensions of Anti-Semitism*
(Philadelphia, 1986) 和最近由加文·L. 兰米尔（Gavin L. Langmuir）出
版的两份相关研究 *History, Religion and Anti-Semitism* (Berkeley, 1990) 及

Toward a Definition of Anti-Semitism (Berkeley, 1990)。

[3] 见 Miri Rubin, *Corpus Christi: The Eucharist in Late Medieval Culture* (Cambridge, 1991), 特别是第 334 页及以下诸页。

[4] 有关弥撒祭品及圣婴之间的可转换性, 见 R. Po-chia Hsia, *The Myth of Ritual Murder: Jews and Magic in Reformation Germany* (New Haven, 1988), pp. 54-56。

[5] 有关基督徒对犹太人的争论, 见 Joshua Trachtenberg, *The Devil and the Jews* (New Haven, 1943) 和 Jeremy Cohen, *The Friars and the Jews: The Evolution of Medieval Anti-Judaism* (Ithaca, 1982)。

[6] Carlo Ginzburg, *Storia notturna. Una decifrazione del sabba* (Turin, 1989), p. 279.

[7] František Graus, *Pest-Geissler-Judenmorde: Das 14. Jahrhundert als Krisenzeit* (Göttingen, 1987).

[8] 欣德巴赫的名衔见于 AST, APV, SL, C. 69, 1a, fol. 1r。

[9] 有关欣德巴赫的生平, 见 Armando Costa, *I Vescovi di Trento* (Trent, 1977), pp. 121-125 ; Alfred A. Strnad, "Johannes Hinderbach", in *Neue Deutsche Biographie* (Berlin, 1974), vol. 10 (1974), pp. 538-539。

[10] Otto Stolz, *Die Ausbreitung des Deutschtums in Südtirol im Lichte der Urkunden*, 2 vols. (Munich, 1927-1928), 1: 84; 单论蒂罗尔, 1427 至 1615 年, 上因河谷的人口数量增加了一倍多。见 Hermann Wopfner, *Bergbauernbuch: Von Arbeit und Leben des Tiroler Bergbauern in Vergangenheit und Gegenwart* (Innsbruck, 1954), 1: 2, p. 225。

[11] Stolz, *Ausbreitung*, 1: 95-96, 2: 308-309. 来自德国乌尔姆的神职人员费利克斯·法布里 (Felix Fabri) 曾在往返耶路撒冷时经过特伦托, 他在游记中曾形容过特伦托。有关他对特伦托的形容可见他的游记 *Fratris Felicis Fabri Evagatorium in terrae sanctae, arabiae et egypti peregrinationem* (Stuttgart, 1843), 1: 74。有关他对阿尔卑斯山和威尼斯到乌尔姆的旅程的描述可见 *Evagatorium*, Bibliothek der literarischen Vereins in Stuttgart, 2-4 (Stuttgart, 1849), 3: 441-461。有关阿尔卑斯地区民族及经济的历史人类学分析, 见 Pier Paolo Viazzo, *Upland Communities: Environment, Population and Social Structure in the Alps since the Sixteenth Century* (Cambridge, 1989)。

[12] Alfred Strnad, "Personalità, famiglia, carriera ecclesiastica di Giovanni Hinderbach prima dell'episcopato" in Iginio Rogger, ed., *Il Principe Vescovo Giovanni Hinderbach (1465-1486), fra tardo medioevo e umanesimo:*

Incontro di studio, Trento, 2–6 ottobre 1989. Trent, 1992.

[13] 在 15 到 16 世纪期间，特伦托的主教座堂的议员比例大约是 2/3 德意志人，1/3 意大利人，见 AST, APV, ST, C. 27, p.xxxv。

[14] Biblioteca Comunale di Trento. Manuscript no. 828. 这是一个关于原文的 18 世纪抄本，两份文件都是德语的。

[15] 有关于西格斯蒙德，请参考 *Biographisches Wörterbuch zur Deutschen Geschichte*, ed.Karl Bosl et al., (Munich, 1975), cols. 3: 2659–2660。近期相关传记请参考 Wilhelm Baum, *Sigmund der Münzreiche: Zur Geschichte Tirols und der habsburgischen Länder im Spätmittelalter* (Bozen, 1987)。关于特伦托的政治史，请参考 Aldo Stella, "I principati vescovili di Trento e Bressanone", in *I Ducati padani, Trento e Trieste*, vol. 17 of *Storia d'Italia* (Turin, 1979), pp. 510–534。有关西格斯蒙德及库斯的尼古拉斯之争，见 Otto Stolz, *Geschichte des Landes Tirols* (Innsbruck, 1955),i: 494–505 以及 *Sigmund der Münzreiche*, pp. 125–144, 177–190。

[16]《弥撒正典阐述》是一部手稿中的第二部书籍，这部手稿还包括弗拉津的雅各（Jacopo de Varazze）的《金色传奇》（Golden Legends）、海因里希·冯·弗拉马尔（Heinrich von Friemar）的著作、无名氏关于《十诫》的著作、伪博纳旺蒂尔（pseudo-Bonaventure）编写的著作、让·热尔松（Jean Gerson）的《听忏悔的技艺》（De arte audiendi confessiones），以及两份出自尼古劳斯·冯·丁克尔斯比尔（Nicolaus von Dinkelsbühl，朗根施泰因在维也纳的学生）所编写的著作《关于基督圣体的对话》（Sermones de corporis Christi）以及《圣徒语录》（Sermones de sanctis）。这些手稿大约在 1448 年完成，现存 Biblioteca comunale, Trent, ms. 1573。见 *"Pro Bibliotheca Erigenda,"* no. 11, pp. 71–73。 145

[17] 朗格施泰因的《创世记评注》及《圣经介绍》（Lectura super prologis Bibliae）两份手抄手稿和《论迷信》（Tractatus de superstitionibus）合订在了一起。《论迷信》被错误地认定为朗格施泰因的著作，但其实是由尼古劳斯·曼吉·德·亚沃尔（Nicolaus Mangi de Iawor）所著。手稿现存 Biblioteca comunale, Trent, mss. 1557–1558，见 *"Pro Bibliotheca Erigenda,"* no.19, pp. 84–88。

[18] 埃尼亚斯·西尔维厄斯关于维也纳大学的那段话是这样说的："Scola quoque hic est liberalium artium ac theologie et iuris pontificii, noua tamen et ab papa concessa. Magnus studentum numerus eo confluit, ex hungaria et alamanie... Duos hic claruisse compertum habeo prestantes theologos henri cum de

Hassia, qui parisiens edoctus, huc in primordio universitatis advolavit, primusque cathedram rexit, ac plurima, volumina notatu digna conscripsit." 欣德巴赫的边注是这样写的："Magister heinricus de Hassia: hic fuit ex genere meo materno, vt ab auia mea que erat sororis eius filia de villa langenstein." Biblioteca comunale, Trent, ms. W 109, c. 39v, 见 *Pro Bibliotheca Erigenda*", no. 37, p. 127。

[19] 在同一份手稿中有海因里希·欣德巴赫的附注，他同时对埃亚斯·西尔维厄斯的《教育之书》(De librorum educatione) 做了大量眉批，在这份手稿上，他提及 "Ego quoque non mediocris fui huius operis instigator", Biblioteca comunale, Trent, ms. W 109 c. 2r; 见 *Pro Bibliotheca Erigenda*", p. 128。

[20] Michael H. Shank, "*Unless You Believe, You Shall Not Understand": Logic, University, and Society in Late Medieval Vienna* (Princeton, 1988), pp. 9, 146.

[21] "De ideomate Ebraico"和"Tractatus de contractibus", 见"*Unless You Believe, You Shall Not Understand": Logic, University, and Society in Late Medieval Vienna*, p.149。

[22] David Berger, "Jewish-Christian Polemics", in *The Encyclopedia of Religion*, ed. Mircea Eliade (New York, 1987), pp. 389-395.

[23] Cited in Shank, *Vienna*, pp. 159-160.

[24] Shank, *Vienna*, pp. 188-189.

[25] Shank, *Vienna*, pp. 191-198.

[26] Katherine Walsh, "Eredità tardomedievale e germi dell'Umanesimo nella formazione spirituale di Giovanni Hinderbach", in Rogger, *Hinderbach*. 有关15世纪意大利的反犹言论，见 Gianfranco Fioravanti, "Polemiche antiguidaiche nell'Italia del Quattrocento: Un tentativo di interpretazione globale", *Quaderni Storici* no. 64, vol. 22: 1 (1987), pp. 19-37。

146   第二章　犹太社团

[1] 直到17世纪，在北意大利的犹太人主要是德系犹太人，见 Moses A. Shulvass, *The Jews in the World of the Renaissance*, trans. Elvin Kose (Leiden, 1973), pp. 15-20.关于15世纪犹太人被驱逐出德意志各个帝国城市的情况，见 Markus J. Wenninger, *Man bedarf keinen Juden mehr: Ursachen und Hintergründe ihrer Vertreibung aus der deutschen Reichsstädten im 15. Jahrhun-*

dert (Cologne, 1981)。

[2] 有关德系犹太人的家族重建，见 Kenneth R. Stow, "The Jewish Family in the Rhineland in the High Middle Ages: Form and Function", *American Historical Review* 92 (1987), pp. 1085–1110。

[3] 耶希瓦手稿，第 47 页。

[4] 耶希瓦手稿，第 19—21 页。

[5] 有关德系犹太人名字保留的问题，可参考 Shulvass, *Jews in the World of the Renaissance*, pp. 34–35。

[6] 这一文章由朱塞佩·迪维纳出版，见他的 "Gli Ebrei a Trento", *Tridentum. Rivista di studi scientifici* (October, 1903), pp. 307–308, 308 n. 1。

[7] Menestrina, "Gli Ebrei a Trento", pp. 304–307.

[8] 耶希瓦手稿，第 596 页。

[9] 耶希瓦手稿，第 583—584 页。

[10] 耶希瓦手稿，第 131 页。

[11] 耶希瓦手稿，第 194—195 页。

[12] 耶希瓦手稿，第 191 页

[13] 耶希瓦手稿，第 201 页

[14] 耶希瓦手稿，第 191 页。

[15] 耶希瓦手稿，第 533 页。

[16] 耶希瓦手稿，第 103 页。

[17] 耶希瓦手稿，第 324 页。

[18] 耶希瓦手稿，第 182 页。

[19] 耶希瓦手稿，第 217 页、第 222 页、第 240 页、第 303 页、第 535—536 页、第 569 页。

[20] 耶希瓦手稿，第 499 页、第 501 页。

[21] 耶希瓦手稿，第 506 页。

[22] 耶希瓦手稿，第 250 页、第 304 页。

[23] 耶希瓦手稿，第 289 页。

[24] 耶希瓦手稿，第 304 页、第 313 页。

[25] 耶希瓦手稿，第 289 页。

[26] 耶希瓦手稿，第 296 页。

[27] 耶希瓦手稿，第 14—15 页。

[28] 耶希瓦手稿，第 78 页。

[29] 耶希瓦手稿，第 214 页。

147

[30] 耶希瓦手稿，第 93 页。

[31] 耶希瓦手稿，第 214 页、第 227 页及第 228 页。

[32] 耶希瓦手稿，第 159 页。

[33] 耶希瓦手稿，第 10 页。在此手稿中，恩格尔的父亲被写成为"伯尔尼的萨洛蒙"；但梵蒂冈的手稿，却将他写为"维罗纳的萨洛蒙"，参见 *Processi*, doc. 5, p. 114。

[34] 耶希瓦手稿，第 568 页。

[35] 耶希瓦手稿，第 546 页。

[36] 耶希瓦手稿，第 555 页、第 568 页。

[37] 耶希瓦手稿，第 317 页、第 335 页、第 342 页。在拉丁语的手稿中，"Friaul"（弗留利）被写成"Friolo"。

[38] 耶希瓦手稿，第 14 页、第 15 页、第 253 页、第 270 页。

[39] *Processi*, doc. 108, p. 401.

[40] 耶希瓦手稿，第 33—36 页。

[41] 耶希瓦手稿，第 396 页、第 397 页。

[42] 耶希瓦手稿，第 350 页、第 379 页。

[43] 耶希瓦手稿，第 75 页。

[44] 耶希瓦手稿，第 371 页、第 381 页。

[45] 耶希瓦手稿，第 371 页。

[46] 耶希瓦手稿，第 379 页。

[47] 有关当地物理背景和社会构成的重构来自金发格蕾琴、汉斯·莱雷德尔的妻子玛格丽塔、裁缝罗珀、沃尔夫·霍尔茨克内希特 (Wolf Holzknecht) 以及瑞士人扎内塞乌斯的证词。见耶希瓦手稿，第 19—22 页；*Processi*, doc. 15, p. 128; doc. 16, p. 130; doc.108, pp. 394–404; doc. 112–113, pp. 407–408。

[48] 有关犹太医生和基督徒病人之间的关系，见 Robert A. Jütte, "Jewish Physicians in Early Modern Europe", in R. Po-chia Hsia and Hartmut Lehmann, eds., *In and Out of the Ghetto: Jewish-Gentile Relations in Late Medieval and Early Modern Germany* (Cambridge, 1995)。

[49] 有关贝尔纳迪诺与特伦托的关系，见 Giuseppe Menestrina, "Gli Ebrei a Trento", *Tridentum* 6 (1903), p. 374; Gemma Volli, "I 'Processi Tridentini' e il Culto del Beato Simone da Trento", *Il Ponte* 11 (November 1963)。有关方济各会支持慈善放贷及攻击犹太人的传道，见 Renata Segre, "I Monti di Pietà e i Banchi Ebraici", *Rivista storica Italiana* 90:4 (1978),

pp. 818-833。

第三章　死因调查

[1] 厨子泽利希曼的证词，1475 年 3 月 28 日，耶希瓦手稿，第 75 页。

[2] 安娜的证词，1475 年 3 月 28 日和 1476 年 3 月 1 日，耶希瓦手稿，第 582 页、第 583 页。

[3] 托比亚斯的证词，1475 年 4 月 7 日和 1475 年 4 月 17 日，第 168 页、第 177 页；萨拉的证词，1475 年 11 月 4 日，耶希瓦手稿，第 483—485 页。

[4] 托比亚斯的证词，1475 年 4 月 7 日和 17 日，耶希瓦手稿，第 166 页。

[5] 伊萨克的证词，1475 年 10 月 29 日，耶希瓦手稿，第 258 页。

[6] 拉撒路的证词，1475 年 4 月 13 日，耶希瓦手稿，第 320 页、第 321 页。

[7] 托比亚斯的证词，1475 年 4 月 3 日，耶希瓦手稿，第 161—165 页。

[8] 萨拉的证词，1475 年 11 月 3 日，耶希瓦手稿，第 480 页。

[9] 托比亚斯的证词，1475 年 4 月 3 日，耶希瓦手稿，第 165 页。

[10] 萨拉的证词，1475 年 11 月 3 日，及摩西的证词，1475 年 11 月 28 日，耶希瓦手稿，第 306 页、第 307 页、第 480 页。

[11] 萨拉的证词，1475 年 11 月 3 日，及泽利希曼的证词，1475 年 3 月 27 日，耶希瓦手稿，第 93 页、第 481 页。

[12] 萨拉的证词，1475 年 11 月 3 日，耶希瓦手稿，第 481 页。

[13] 以色列的证词，1475 年 4 月 19 日，据耶希瓦手稿第 393 页的记载，以色列形容了托比亚斯和萨洛蒙之间愤怒的对话；他描述了萨洛蒙去往托比亚斯房间里的情形。"Ich glaub nit dass die Juden sollich ding thuen den hat Thobian da gestrafft vnd het gesprochen, du solt mein melichtz, das ist redner, tülmatsch oder vorsprech nit sein, und het zu dem Salomon gesprochen aber Du solt nit sprechen das Du glaubst dass dy Juden das nit thuen, du solt das furgewiss sagen, sy thuen des nit." 根据恩格尔的姐妹居特莱因所说，托比亚斯是一个易怒的男人，之前也辞退了许多用人，这可在她的供词中见到，见耶希瓦手稿，第 571 页。

[14] 小摩西的证词，1475 年 11 月 28 日，耶希瓦手稿，第 306—307 页、第 314—315 页。

[15] 泽利希曼的证词，1475 年 3 月 27 日，耶希瓦手稿，第 93 页、第 215 页。

[16] 托比亚斯的证词，1475 年 4 月 3 日，耶希瓦手稿，第 164 页。

[17] 伊萨克的证词，1475 年 11 月 30 日，耶希瓦手稿，第 280 页。

[18] 摩西报告了聚斯莱因的哀鸣："Wee mir, sÿ werden mir mein sün nemen vnd werden die tauffen. Het ich nür den sun nit so het ich kainen smerzen. Do het er [Moses] sy ermant sy solt so ser nit waynen, es wär villeicht so pöβ nit als sy maynet"（耶希瓦手稿，第 360 页）。

[19] 这一对事件的重构是基于伊萨克 1475 年 11 月 30 日的证词和他的父亲班伯格的摩西 1475 年 10 月 31 日的证词。分别见耶希瓦手稿，第 280 页、第 359—361 页。

[20] 班伯格的摩西的证词，1475 年 11 月 10 日，耶希瓦手稿，第 377 页。

[21] 舍恩莱因的证词，1475 年 11 月 3 日，耶希瓦手稿，第 515 页。

[22] 耶希瓦手稿，第 9—10 页；*Processi*, doc. 5, 第 112—115 页。

[23] "Vnd offenbar und bewert ist dar die erschlagen leut, in gegenbart wer man schlechter oder mörder pluetten,"耶希瓦手稿，第 10 页。这一流行的信仰在血祭诽谤案当中很常见。见 Hsia, *Myth of Ritual Murder*, p. 202。

[24] 舍恩莱因的证词，1476 年 2 月 4 日，及安娜的证词，1476 年 3 月 9 日，分别见耶希瓦手稿，第 532 页、第 594 页、第 595 页。

149

[25] 拉撒路的证词，1475 年 11 月 20 日，耶希瓦手稿，第 330 页。

[26] 以色列的证词，1475 年 11 月 18 日，耶希瓦手稿，第 420 页。

[27] 我是按照拉丁语文献记录意大利语和拉丁化的名字的。耶希瓦手稿第 11 页给出了他们的德语名 "Magister Erzengel von Baldum"（埃茨恩格尔·冯·巴多姆先生）和 "Magister Johan Mathias"（约翰·马蒂亚斯先生）。律师的名字是 "Her Wolfan der Kaiserlichen Rechten Gelerer"（国王的律师沃尔夫安先生）。

[28] 有关医学证据见耶希瓦手稿，第 12 页、第 13 页；*Processi*, docs. 6-8, 第 115—120 页。

[29] 耶希瓦手稿，第 14—15 页。

[30] 耶希瓦手稿，第 16 页；*Processi*, doc. 10, 第 121—122 页。

[31] 耶希瓦手稿，第 16—17 页。

[32] 耶希瓦手稿，第 18—19 页。

[33] 执法官认为玛格丽塔的证词极有分量，这可以由其证词成为整场审讯的叙事中心反映出来，见耶希瓦手稿，第 19—21 页，"Kuntschafft der gelben Grett die ettwan auch ein kind verlor vnd bey den Juden gefunden het." 同可参见 AST, APV, SL, C. 69, no. 1b fol. 7v；*Processi*, doc. 15, pp. 127-129。

[34] 耶希瓦手稿，第 22 页；*Processi*, doc. 16, pp. 130-131。耶希瓦手稿的当局评论强调了费尔特雷的贝尔纳迪诺及两位玛格丽塔证词的重要性，

以红墨水写在以黑墨水写就的证词记录后面："Also endt sich hie ettlich mercklich anzaigen wider die Juden, von des mords wegen, des saligen kindleins und martrers saind Simon, durch dieselben falschen Juden in der löblichen Stat zu Trennt vnmenschlich ermordet."

第四章 酷刑室

[1] 《1425 年亚历山德里亚法》(The Statute Alessandrino of 1425, 第 2 册, 第 17 章) 明确了 "qui gastaldiones si Potestas vellet excedere modum torquendo, refraenare intentionem Potestatis debeant"。在同一篇文章中，它责备了 "quod Potestas vel alius officialis non possit nec valeat aliquem ad torturam ponere sine praesentia dictorum gastaldionum vel duorum consulum Civitatis, sub poena viginti quinque librarum, pro qualibet vice, qua contrafactum fuerit per ipsum Potestatem vel officialem, auferenda de suo salario et applicanda Camerae Fiscali in tortum"。引自 Menestrina, "Gli Ebrei a Trento," p. 397。

[2] 对 "另一个泽利希曼" 的审讯，见耶希瓦手稿，第 93—109 页 ; *Processi*, docs. 24-32, pp. 153-173。

[3] *Processi*, doc. 24, p. 154; 耶希瓦手稿，第 94 页。"Da aber der potestat sach das er dy warhait nit hellen wolt, hieβer den emplö βen pindten vnd auffziehen." 150

[4] 耶希瓦手稿，第 95 页。

[5] 对厨子泽利希曼的审讯，见耶希瓦手稿，第 75—91 页 ; *Processi*, docs. 17-23, pp. 133-151。

[6] 在梵蒂冈的手稿中，梅兹格的姓名被写为 "Nicolaus Claus"，见 *Processi*, p. 134。

[7] 耶希瓦手稿，第 77 页。

[8] 耶希瓦手稿，第 78 页。

[9] 耶希瓦手稿，第 131 页 ; *Processi*, doc. 45, p. 206。

[10] 耶希瓦手稿，第 111 页 ; *Processi*, doc. 35, pp. 170-180。

[11] 对撒母耳的审讯，见：耶希瓦手稿，第 24—74 页 ; *Processi*, docs. 59-69, pp. 233-279。有关 3 月 31 日的审讯，见耶希瓦手稿，第 24—27 页 ; *Processi*, pp. 235-237。

[12] 耶希瓦手稿的审问记录是以间接引语的形式记录的。我把它们翻译成对话的方式以获取一种即时性。除了将对话者放回对话，所有的对话都尽可能忠实地根据耶希瓦手稿翻译成英语。

[13] 对约阿夫的审讯，见耶希瓦手稿，第 214—249 页。1475 年 3 月 31 日的审讯见第 214—219 页的记录。

[14] 对恩格尔的审讯，见耶希瓦手稿，第 147—160 页；*Processi*, docs. 70-81, pp. 281-306。1475 年 3 月 31 日的审讯见耶希瓦手稿，第 147—149 页；*Processi*, docs. 70-71, pp. 281-283。

[15] 文书把这些证词删掉的原因可能是想让血祭谋杀的叙事变得简单并只集中在犹太人身上。有关瑞士人和多罗西娅的证词，见 AST, APV, SL, C. 69, no. 1b, fols. 119v-124r, "Processus inquisitionis contra Zanesum Sweyzer, etc." 这是一份拉丁语版本的审讯记录，也是被装订的手稿的一部分。较粗糙版本的瑞士人证词则见于零散的手稿，见 AST, APV, SL, C. 69, no. 4 (Ⅱ), fol. 199r 及 *Processi*, docs. 106-110, pp. 393-403。

[16] 多罗西娅的证词，1475 年 3 月 31 日，*Processi*, doc. 109, pp. 401-403。

[17] 有关蒂罗尔的德语区和意大利语区中不同的土地租佃制度，见 Hermann Wopfner, *Bergbauernbuch* 1:3, 469。关于 15 世纪特伦托至蒂罗尔一带的葡萄酒出口研究，见 Hermann Wopfner, *Die Lage Tirols zu Ausgang des Mittelalters und die Ursachen des Bauernkrieges* (Berlin, 1908), p. 29。

[18] 关于"瑞士人"的释放日期，耶希瓦手稿与梵蒂冈手稿的记载有所出入。前者为 4 月 21 日，后者为 4 月 11 日。

[19] 对"罗珀·斯奈德"的审讯，见 AST, APV, SL, C. 69, no. 1b, fols. 124r-126r; no. 4 (Ⅱ), fol. 206v, 以及 *Processi*, docs. 111-115, pp. 405-410。

[20] *Processi*, doc. 113, pp. 407-408.

[21] 老摩西的证词，1475 年 4 月 4 日，耶希瓦手稿，第 192 页；*Processi*, doc. 92, p. 350。

151 [22] 耶希瓦手稿，第 131—132 页；*Processi*, doc. 46, p. 207。

[23] 耶希瓦手稿，第 29 页；*Processi*, doc. 61, p. 238。"Antwurt er hetts gesagt und man penigt in unrechtlich, da hieß man in zwie springe auff ii oder iii ann hoch da hieng er und sprach, Gott der Helffer, und die Warhait helffen mir, und do er also uff ii Drittel einer stund gehangen was, hieß man in ablassen und füern in vancknuß."

[24] 耶希瓦手稿，第 29—31 页；*Processi*, doc. 62, pp. 238-239。

特伦托 1475：一场血祭谋杀审判

[25] 耶希瓦手稿，第 149—153 页；有关 1475 年 4 月 8 日的审讯，参见耶希瓦手稿，第 150—153 页；*Processi*, doc. 74, pp. 285–288。

[26] 耶希瓦手稿，第 161 页。有关托比亚斯的审讯，见耶希瓦手稿，第 161—190 页；*Processi*, docs. 82–91, pp. 307–348。

[27] 耶希瓦手稿，第 161—167 页。

[28] 耶希瓦手稿，第 168 页。"Man lieβ in nyder, da bedacht er wär schier enwicht oder verdorben vnd als er ein wenig zu innselbs kam, fraget in der potestat der warheit."

[29] 耶希瓦手稿，第 169—177 页。

[30] 对老摩西的审讯，见耶希瓦手稿，第 191—203 页；*Processi*, doc. 92–99, pp. 349–374。有关 1475 年 4 月 4 日的审讯，参见耶希瓦手稿，第 191—193 页；*Processi*, doc. 92–99, pp. 349–352。

[31] 有关迈尔的审讯，见耶希瓦手稿，第 204—213 页；*Processi*, docs. 100–105, pp. 375–392。

[32] 耶希瓦手稿，第 113—115 页；*Processi*, doc. 36, pp. 180–185。

[33] 耶希瓦手稿，第 79—81 页。泽利希曼是在长时间的酷刑下才崩溃的，书记用了长篇幅的文字来形容他的崩溃，"Ward vor dem hauptman der benant Saligman durch den potestaten der warhait gefragt, er sprach, er hets gesagt, man schueff in zuemploβen pindten und auffziehen, und da frag man, er antwurt, last mich hynab, ich wil die warheit sagen, also hengt man und fraget hernyder sein antwurt was. Er hets gesagt, da zach man den hinwider, und lieβin ein klain springen und fragt, er antwurt er hets gesagt vnd wiβ nit anders, da lieβ man in zainzigen springen zwie, und fragt in also hangenden wie vor, er antwurt alβ vor"。最后，泽利希曼又被吊起来，"vnd hueb im ein gluet mit swebel in einer phannen under die nasen"。见 *Processi*, doc. 18, pp. 136–138。

[34] 耶希瓦手稿，第 97 页；*Processi,* doc. 25, pp. 155–156。

[35] 耶希瓦手稿，第 99—100 页；*Processi*, doc. 26, pp. 156–159。

[36] 耶希瓦手稿，第 153 页。"Hienach bekant er Recht."

[37] 有关托比亚斯 1475 年 4 月 17 日的证词，见耶希瓦手稿，第 177—189 页；梵蒂冈手稿把这次审讯的日期定为 1475 年 4 月 19 日。*Processi,* doc. 87, pp. 322–331.

[38] 耶希瓦手稿，第 182 页；*Processi*, p. 327。

[39] 耶希瓦手稿，第 184—185 页；*Processi*, p. 328。

[40] 耶希瓦手稿，第 187—189 页；*Processi*, pp. 331ff。

152 [41] 耶希瓦手稿，第 132 页；*Processi*, doc. 48, pp. 209-210。

[42] 耶希瓦手稿，第 135 页；*Processi*, doc. 49, pp. 210-212。

[43] 耶希瓦手稿，第 136 页；*Processi*, doc. 50, pp. 212-213。

[44] 耶希瓦手稿，第 137 页；*Processi*, doc. 51, pp. 214-216。

[45] 耶希瓦手稿，第 139—140 页；*Processi*, docs. 52-53, pp. 216-218。

[46] 耶希瓦手稿，第 205—211 页；*Processi*, doc. 101, pp. 376-381。

[47] 耶希瓦手稿，第 211 页；*Processi*, p. 381。

[48] 耶希瓦手稿，第 205—211 页，特别是第 207 页；*Processi*, p. 378。

[49] 耶希瓦手稿，第 132—140 页；*Processi*, docs. 52-53, pp. 216-218。

[50] 耶希瓦手稿，第 118—119 页；*Processi*, doc. 37, pp. 185-187。

[51] 这句话的字面意思是："这一点就这样被施加在基督徒的上帝身上，他不是一个真正的神，绅士们骑着马前来。"有关用威尼斯至帕多瓦一带的方言所说的这段话，可见 Gasparo Patriarchi, comp., *Vocabalario Veneziano e padovano co' termini e modi corrispondenti Toscani* (Padua, 1821)。安娜·埃斯波西托和迭戈·夸廖尼认为这段话窜改自《出埃及记》第 15 章第 18 至 20 节的段落，见 *Processi*, 第 442 页注。

[52] 耶希瓦手稿，第 120 页（用红色墨水书写）。"Hie zemercken wie offt er mit seinen worten wexelt und hiewider spricht er alle vorgeschribne ding, darumb man im von newen darauff fragt."

[53] 耶希瓦手稿，第 121 页；*Processi*, doc. 38, p. 188。

[54] 耶希瓦手稿，第 122—123 页；*Processi*, doc. 39, pp. 189-190。

[55] 对拉撒路的审讯，见耶希瓦手稿，第 317—349 页。关于 1475 年 4 月 12 日和 1475 年 4 月 13 日的审讯，可见第 317—321 页。关于 "Er antwurt, sagt mir was sol ich sagen, sol wil ich es sagen"，见第 320 页。

[56] 对伊萨克的审讯，见耶希瓦手稿，第 253—286 页。

[57] 对班伯格的摩西的审讯，见耶希瓦手稿，第 350—388 页。

[58] 耶希瓦手稿，第 250 页；有关小摩西的审讯，见耶希瓦手稿，第 250—316 页。

[59] 对以色列的审讯，见耶希瓦手稿，第 389—477 页。引用文字来自 1475 年 4 月 12 日的审讯，第 390 页："Wie wol die teutschen sprechen, die Juden tötten cristen kinder, so war es doch nit war."

第五章 "被赐福的殉道者西蒙"

[1] AST, APV, SL, C. 69, no.10.

[2] 有关佐文佐尼与威尼斯人文学者的关系，见 Margaret L. King, *Venetian Humanism in an Age of Patrician Dominance* (Princeton, 1986), 第 232页注 153 67、69; 第 267、369、386、445、448 页。有关佐文佐尼的生平，见 B. Ziliotto, *Raffaele Zovenzoni: La vita, i carmi* (Trieste, 1950)。有关人文学界对于"西蒙崇拜"的接纳和 1475 年后人文主义的圣徒传的总括性讨论，见 Anna Esposito, "La stereotipo, dell'omicidio rituali nei processi tridenti e il culto del 'beato' Simone", *Processi*, pp. 81ff。

[3] AST, APV, SL, C. 69, no. 5.

[4] Divina, *Storia*, 2: 228.

[5] AST, APV, SL, C. 69, no.1d. ; 这一叠纸包括了一堆账目，有拉丁语和德语，记录了不同的日期和数目；其中最早的日期是 1475 年 4 月 23 日，是约翰内斯·欣德巴赫的字迹。

[6] Josef E. Scherer, *Die Rechtsverhältnisse der Juden in den deutsch-Österreichischen Ländern* (Leipzig, 1901), p. 602.

[7] 选自 "Carmen Joannis Calphurni ad Joannem Hinderbachium", 引自 Benedetto Bonelli, *Dissertazione apologetica sul martirio del Beato Simone da Trento nell'anno 1475 dagli ebrei ucciso* (Trent, 1747)。

[8] 引自 Menestrina, "Gli Ebrei a Trento", 392, n.1。

Surgite pontifices, tuque O Sanctissime Caesar,
Vosque Duces, Regesque, precor, populique patresque
Qui Christum colitis, Christum qui sanguine lavit
Erroris quicquid nostri admisere parentes.
Stringite fulmineos enses, trucidate nephandum
Iudaicum nomen, totaque expellite terra.
Hoc genus in terris, genus hoc precor esse sinetis!
Syxte pater prohibe: prohibe, Federice, cruorem
Qui nostrum sitiunt nostris simul urbibus esse
Amplius. Imperii dux Sigismunde latini,
Nunc animos ostende tuos, tu porrige flammas
in quibus hebreum scelus oxcuratur, et insons

Sanguis apud superos te praedicet ut mea laurus

Praesidiumque meum pater Hinderbache Ioannes.

Perge etat nemo quin perdas perfida verpos

Corpora: quin rapidis cinerem des spargere ventis.

Hoc iubet ipse deus: iubet hoc tua sancta potestas

Iustitia, pietasque, fides et candida virtus

Quae te celicolis est donatura catervis.

[9] 引自 Menestrina, "Gli Ebrei a Trento", 392, n.1。

Ad tumulum quisque, meum accurrit aeger, abibit

Sospes et incolumis cecus, claudusque et alter

Quicumque misero morbo laborat

Ut pateat cunctis scelus, gens impia, tuum.

154   Non satis est aurum, gemmas, diversi generis opes

Gentis christicolae devoras: corrodis undique pronos

Et sanguinem sitis, bibis et azima spargis

Et Christi fidem gentemque ludibrio spernis

Cunctisque maledico blasphemas ore diebus

Et nobis improperas, nostro qui sanguine vivis.

Insurgant Reges, Duces, proceresque Tyranni,

Pontifices sacri, Dives et populi omnes,

Huius nephandae in caput concurrite gentis

Totamque perpropere cunctis de finibus orbis

Nominis christicolum procul iam pellite canes.

[10] 此信来自蒂贝里诺手稿，现藏 Biblioteca Queriniana, Brescia, Ms. N.E 1527。此手稿曾由弗鲁门齐奥·盖塔（Frumenzio Ghetta）神父刊登，见 Frumenzio Ghetta, *Fra Bernardino Tomitano da Feltre e gli Ebrei di Trento nel 1475* (Trent, n.d.), pp. 40-45。作者在此特别鸣谢盖塔神父提供他的小册子。

[11] 有关"痛苦圣母"的形象，见 *Hsia, Myth of Ritual Murder*, pp. 58-59。

[12] 蒂贝里诺引用的文字："Tempus erat quo prima quies humana reficit pectora atque quiescebant voces hominumque canumque." 对照《埃涅阿斯记》2.268-269: "Tempus erat quo prima quies mortalibus aegris incipit et dono

diuum gratissima serpit." 这一点见迭戈·夸廖尼在他的 "Propaganda antie-briaca e polemiche di curia", in *Un pontificato ed una città: Sisto IV (1471–1484)*, (Rome, 1986), pp. 243–266。这里为第 255 页。

[13] 关于小男孩给出灵魂的完整描述是这样的："Iam plus quam perhoram miserandus puer terribili duraverat in supplicio et interdicto spiritu colapsis viribus in testes, et inclinato capite sanctum Domino reddidit spiritum." 关于基督的受难，对照《约翰福音》19:30 : "Et inclinato capite tradidit spiritum." 以下引自蒂贝里诺的句子 "Purpureus veluti cum flos succisus arato languescit moriens lapsaque papavera collo dimisere caput pluvie cum forte gravantur", 几乎与《埃涅阿斯记》9.435–437 一模一样。见 Diego Quaglioni, "Propaganda antiebriaca", pp. 254–255。

[14] *"Pro bibliotheca erigenda,"* pp. 23–24. 德语译本的标题是 *"Geschichte des zu Trient ermordeten Christenkindes"*。

[15] 诗歌《我是男孩西蒙》（Sum puer ille Simon), 见 Bonelli, *Dissertazione*, 第 88—89 页 , 注 a。

[16] Hsia, *Myth of Ritual Murder*, pp. 44–45.

[17] 这本书的标题为《土耳其人对卡法人所做的残忍之事》(*L'aspra crudeltà del Turco a quegli di Caffa*), 见 *The Imprint Catalog in the Rare Book Division*, Research Division, New York Public Library. (Boston, 1979), 19: 558。另外三本书的标题见于 *"Pro bibliotheca erigenda,"* p. 23。

[18] Leo Steinberg, *The Sexuality of Christ in Renaissance Art and in Modern Oblivion* (New York, 1983).

[19] 耶希瓦手稿，第 332 页。

155

[20] 有关欧洲中世纪晚期民间虔敬和反犹主义的联系，见 R. Po-chia Hsia, "Die Sakralisierung der Gesellschaft: Blutfrömmigkeit und Verehrung der Heiligen Familie vor der Reformation," in *Kommunalisierung und Christianisierung: Voraussetzungen und Folgen der Reformation 1400–1600*, Zeitschrift für Historische Forschung, Beiheft 9 (Berlin, 1989), pp. 57–75。

第六章　死亡戏剧

[1] Divina, *Storia*, 1:98.

[2] 耶希瓦手稿，第 31 页 ; *Processi*, doc. 63, p. 240。

[3] 耶希瓦手稿，第 31—32 页 ; *Processi*, doc. 63, p. 241。

[4] 耶希瓦手稿，第 38 页。"Merckt man ach die sin ach und uneer cristi in fluech und rach pett uber die Cristen."

[5] 耶希瓦手稿，第 38 页；这些希伯来语可能是抄自《哈加达》，之后被执法官没收。作者在此要向布鲁克林学院（Brooklyn College）的戴维·伯杰致谢，他指出有些希伯来信件可能遭到抄写人的窜改。有关希伯来语转写的解释见 *Processi*，第 443 注。

[6] 耶希瓦手稿，第 39—43 页；*Processi*, doc. 64, pp. 250–253。

[7] 耶希瓦手稿，第 43—47 页；*Processi*, pp. 253–256。

[8] 耶希瓦手稿，第 48 页；*Processi*, p. 253。

[9] 耶希瓦手稿，第 49—51 页；*Processi*, pp. 255–256。

[10] 耶希瓦手稿，第 52—54 页；*Processi*, doc. 65, pp. 256–258。

[11] 耶希瓦手稿，第 143 页。

[12] 耶希瓦手稿，第 124—126 页；*Processi*, doc. 40, pp. 191–193。

[13] 耶希瓦手稿，第 194—195 页；*Processi*, doc. 93, p. 352。

[14] 耶希瓦手稿，第 195—200 页；*Processi*, doc. 94, pp. 353–359。

[15] 耶希瓦手稿，第 101—102 页；*Processi*, doc. 27, p. 160。

[16] 耶希瓦手稿，第 55—56 页。"Er wüst vnd verstuend wol, das der obgenant Samuel ein tüttscher wär, vnd wol tütsch vnd wellisch kundt... yedoch zu merer erklärung vnd gröβer verstentigkeit schueff er mit dem Notari, daβ er Conten von Terlacko... in tüttsch sagen wolt alles das in der nachgeschriben frag in latin begriffen, vnd durch den Notari ufgelegt wurd, daβ er auch herwiderumb truelich vnd mit gueter gewissen, wie vor dem potestaten vnd dem notarei in latein sagen wolt, alles das der bemelt Samuel in tüttsch daruff antwurten wurd." 参见 *Processi*, doc. 66, p. 259。

[17] 耶希瓦手稿，第 55 页。"Das ist deβ Potestat gerichtsfrag, wie er die uβ dem obgenant Samuel Juden vorgeschribner bekanntnuβ genomen, und geformiert hat, nach des rechtens und irer satzung gewonheit die man dann dem selben Samuel vor gericht gelesen und in tütsch uβgelegt hat, daruff er öffenlich daselbs verholln und mit seinem ayd vor gericht bestät hat alβ sich hie nach vinden wirt."

156 [18] 耶希瓦手稿，第 58—60 页。

[19] 耶希瓦手稿，第 62—71 页；*Processi*, doc. 66, pp. 261–266。其中有关于所谓的血祭谋杀的详细描述。

[20] 耶希瓦手稿，第 104—105 页、第 114 页、第 201—202 页；*Processi*, docs.

30, 56, 96, pp. 165-167, 224, 225, 365, 366。

[21] 耶希瓦手稿，第 202—203 页 ; *Processi*, doc. 97, p. 366。

[22] 耶希瓦手稿，第 74 页、第 128 页、第 189 页、第 190 页 ; *Processi*, docs. 44, 69, 81, 91, pp. 204, 279, 306, 348。

[23] 耶希瓦手稿，第 145 页、第 146 页、第 212 页、第 213 页 ; *Processi*, docs. 58, 105, pp. 231, 392。

[24] 耶希瓦手稿，第 88—91 页、第 108—109 页 ; *Processi*, docs. 33-34, pp. 175-177。

第七章　宗座特使

[1] 见 Quaglioni, "Il procedimento inquisitorio contro gli Ebrei di Trento," *Processi*, pp. 38-51 and Esposito, "Lo stereotipo dell'omicidio rituale," *Processi*, pp. 81-93。

[2] AST, APV, SL, C. 69, no. 25. 有关本章提及事件的简介，见 Baptista Dei Giudici, *Apologia Iudaeorum: Invectiva contra Platinam. Propaganda antiebracia e polemiche di Curia durante il Pontificato di Sisto IV (1471-1484)* ed. Diego Quaglioni (Rome, 1987)。后文简称为 *Quaglioni, Apologia Iudaeorum*。

[3] AST, APV, SL, C. 69, no. 29 ; 参见 *Quaglioni, Apologia Iudaeorum*, pp. 15-16。

[4] Quaglioni, *Apologia Iudaeorum*, pp. 38-40.

[5] Quaglioni, *Apologia Iudaeorum*, p. 54. 圭迪奇是这样形容他自己收到任命的情形的 : "Cuius doctrinam et vite integritatem et ipse sanctissimus dominus noster sepe in minoribus exploratas et cognitas habuit... et omnes norunt quali fama sit versatus et continue versetur in curia, qui etiam sepe contra Iudeos et predicavit et scripsit, et... nunquam in omni vita sua vel semel cum aliquo Iudeo aut comedit aut bibit."

[6] Quaglioni, *Apologia Iudaeorum*, p. 142.

[7] 关于此事，现时一共有四个文件来源，分别收藏在特伦托及梵蒂冈的档案馆，全都由迭戈·夸廖尼编辑及出版。第一个是由欣德巴赫在宗座特使回来后寄到罗马，并对特使做出九项指控的文件，名为 "Informatio facti in causa innocentis infantuli Simonis Trientini, a perfidis Iudeis in contumeliam et obprobrium passonis domini nostril Iesu Christi crudeliter interempti" ; 第二份是圭迪奇给欣德巴赫作辩解的回信，"Confutaciones

vere et soluciones falsarum obiectionum per Tridentinos ac eorum fautores contra dominum episcopum Ventimilliensem, commissarium apostolicum porrectarum, per defensores veritatis et honoris sedis apostolice et ipsius commissarii exhibite", 这在夸廖尼的卷册中被称为《犹太人的辩护》。第三份文件是欣德巴赫反对圭迪奇的回应, "Responsiones ad obiecta domini commissarii Vigintimiliensis"; 这三份文献皆记录了圭迪奇在特伦托逗留的详情。第四份文件, "Invectiva Baptiste episcopi Intemeliensis contra Platinam", 是圭迪奇针对一名支持欣德巴赫的教廷图书馆管理员的攻击, 这一文件的一部分和特伦托事件相关。

[8] Quaglioni, *Apologia Iudaeorum*, pp. 142–144.

[9] Quaglioni, *Apologia Iudaeorum*, p. 104.

[10] 这封信的重印本见于 P. Ghinzoni, "San Simone di Trento 1475," *Archivio Storico Lombardo* 16 (1889), 140–142, 引自 *Processi*, p. 80。

[11] Quaglioni, *Apologia Iudaeorum*, pp. 60, 146.

[12] Quaglioni, *Apologia Iudaeorum*, pp. 74–76.

[13] Quaglioni, *Apologia Iudaeorum*, p. 158. "Et cum ipse dominus commissarius omni studio conaretur liberacionem illorum, tam apud dominum principem quam etiam dominum episcopum, prout etiam postea Roveredi mandaverat sub penis et censuris illos relaxari, contra protestaciones suas factas et contra tenorem brevis apostolici, quo continebatur quod relaxari deberent si culpacarerent, etc. Timebatur si illis loqueretur ne aliquod signum, ipse vel sui, ipsis Iudeis darent, quo obstinaciores redditi fuissent; quoniam semper dixerant:'Veniet unus qui nos liberabit'."

[14] AST, APV, SL, C. 69, no. 184, 引自 Quaglioni, "Propaganda antiebraica," pp. 25–52, n.31. and Quaglioni, *Apologia Iudaeorum*, pp. 54–56. "Sed idem Tridentinus episcopus fecit illi parare pessimum et inhonestum hospicium vicinum suo castro, in quo cum magna incomoditate et propria expensa stetit diebus xxii, semper infirmus propter malam cameram, que erat humidissima et in quam desuper pluebat, quia e superiori loco tota erat aperta; usque adeo quod fuit necesse ipsum pluribus noctibus exire de lecto, propter pluvias que passim per cameram fluebant. Erant etiam ibi fetores colluvionum, letaminis et imundiciarum; et in quo loco nemo poterat ad eum accedere et occulta revelare, nec ipse officium suum exequi, tanta erat custodia que per homin esepiscopi Tridentini fiebat."

[15]　Quaglioni, *Apologia Iudaeorum*, p. 60. "Et quia multi de populo, qui fu-
rore magis quam ratione et magis temeritate quam devotione movebantur,
minabantur per angulos civitatis ipsi commissario mortem, nisi ista mirac-
ula et assertum martirium confirmaret."

[16]　Quaglioni, *Apologia Iudaeorum*, p. 62.

[17]　Quaglioni, *Apologia Iudaeorum*, pp. 158–160.

[18]　Quaglioni, *Apologia Iudaeorum*, p. 130.

[19]　Quaglioni, *Apologia Iudaeorum*, pp. 64–66. "Secessit in locum tutum et
ydoneum, Roveredi... sub protectione illustrissimi ducalis domini Vene-
ciarum, ubi semper ministratur et ministrata fuit iusticia, necque occiduntur 158
insontes nec depredantur Christiani Iudeos, ut fit Tridenti."

[20]　Quaglioni, *Apologia Iudaeorum*, p. 132. "Illi (Jewish advocates) replicaver-
unt... quod volebant defendere non mortuos, qui resurgere non possunt, sed
veritatem; et quod volebant defendere causam vivorum non solum incarcer-
atorum, sed etiam eorum qui sunt per totum orbem, que per istos processus
si sic probarentur, periclitaretur: quia in processibus dicunt contineri quod
confessi sunt omnes Hebreos de decennio in decennium, et precipue in anno
iubilei, Christianorum utantur sanguine puerorum."

[21]　Quaglioni, *Apologia Iudaeorum*, pp. 134–136.

[22]　AST, APV, SL, C. 69, no. 22.

[23]　Bonelli, *Dissertazione*, 245a; Divina, *Storia,* 2:96–98.

[24]　AST, APV, SL, C. 69, no. 45.

[25]　AST, APV, SL, C. 69, no. 54.

[26]　AST, APV, SL, C. 69, no. 58。当我于 1988 年 9 月 24 日向档案馆要求提
取这一份档案的时候，这份档案是缺失的。关于恩丁根审判，见 Hsia,
Myth of Ritual Murder, Chapter 2。

[27]　AST, APV, SL, C. 69, no. 43.

[28]　AST, APV, SL, C. 69, no. 276.

[29]　AST, APV, SL, C. 69, no. 50.

[30]　AST, APV, SL, C. 69, no. 27.

[31]　AST, APV, SL, C. 69, no. 28.

[32]　AST, APV, SL, C. 69, no. 32.

[33]　保安队长斯波罗的雅各布及罗韦雷托的波德斯塔洛多维科·兹维维诺
斯（Ludovico Zvivinus）之间有关安泽利诺的书信来往，见 AST, APV,

SL, C. 69, no. 49, 51。有关安泽利诺的审讯过程中，欣德巴赫与圭迪奇之间的控诉与反控诉辩论，见 Quaglioni, *Apologia Iudaeorum*, pp. 78-80, 150-152。

[34] AST, APV, SL, C. 69, no. 55.

[35] AST, APV, SL, C. 69, nos. 56, 59.

[36] Divina, *Storia,* 2: 307-308.

[37] AST, APV, SL, C. 69, no. 30.

[38] AST, APV, SL, C. 69, no. 20.

[39] AST, APV, SL, C. 69, no. 21.

[40] AST, APV, SL, C. 69, nos. 38, 39.

[41] AST, APV, SL, C. 69, no. 41.

[42] AST, APV, SL, C. 69, nos. 42, 43.

[43] 1477 年，欣德巴赫指责圭迪奇"失去了"犹太儿童的灵魂，因为这些犹太儿童在被释放的时候，没有与他们的母亲一同受洗，见 Quaglioni, *Apologia Iudaeorum*, p. 158。

159 [44] Divina, *Storia,* 2: 124-125.

[45] Quaglioni, *Apologia Iudaeorum*, pp. 104-106。

第八章　血的民族志

[1] 德国历史学者路德维希·冯·帕斯托尔（Ludwig von Pastor）在论述西斯克特四世任内事迹时，完全没有提及特伦托事件，见他的 *History of the Popes from the Close of the Middle Ages*, vol. 4 (St. Louis, 1902)。

[2] AST, APV, SL, C. 69, no.3, ad. fol. 4。这封信严格来说只是一张折好的纸条，夹在对以色列（沃尔夫冈）的审判记录中间："Sigismund rd: Getreuer lieben. Wir emphelhen dir daz du den juden vnd Judin so du in Vennkhnuβ hast freilelich recht wie sich gebüret ergeen laβest todt ergeen zulaβen schaffest vnd waz dann zu recht erkannt wirdet dem also nackkomest, daran tust du vnnser cristliche maynung. Geben an Meran an Fritag nach Sand Gallen tag anno domini a. lxxy: Vnnserm getrewen liebn Jacobn Spawr vnnser hauptman zu Triendt."（标点符号为后加）在讨论到特伦托的血祭谋杀时，奥地利历史学者威廉·鲍姆（Wilhelm Baum）似乎并不知道西格斯蒙德在当中所扮演的直接角色，见 *Sigmund der Munzreiche: Zur Geschichte Tirols und der habsburgischen Lander im Spatmittelalter*, pp.

特伦托 1475：一场血祭谋杀审判

378-381。

[3] 对伊萨克的审讯，见耶希瓦手稿，第 256—286 页。关于这里的句子，见耶希瓦手稿，第 257 页："Man hengt vnd ließ in sitzen vnd fraget. Antwurt ja west ich was ich sagen solt, ich saget es gern, do er also ein weyl sass, vnd saget nichts, hieß man in auffziehen."

[4] 耶希瓦手稿，第 259 页。"Er sprach er wolt dy warheit hindten sagen vnd west nichts vnd west wol das er sterven muest."

[5] 对拉撒路的审讯，见耶希瓦手稿，第 321—349 页。这里可见第 331 页："Man sprach er solt alles sagen das da geredt vnd geschehen wär bey dem kindlein. Er antwurt er west nichts das da geschehen oder geredt wär, wann wie er vorgesagt hat, da sprach der potestat zu im, er wär ein nar des er die warhait nit sagen wolt, vnd doch die andern gefangen Juden die gesagt hetten."

[6] 对小摩西的审讯，见耶希瓦手稿，第 288—316 页。关于这里的句子，见 1475 年 11 月 9 日的审讯，第 297 页、第 303 页。

[7] 对班伯格的摩西的审讯，见耶希瓦手稿，第 354—388 页。关于这里的句子，见第 369 页。

[8] 对约阿夫的审讯，见耶希瓦手稿，第 220—249 页。关于这里的句子，见第 220—224 页。

[9] 1475 年 10 月 27 日的审讯，耶希瓦手稿，第 226—227 页。耶希瓦手稿的文书抄错了日期，把 27 写成了 17。

[10] 1475 年 10 月 27 日的审讯，耶希瓦手稿，第 225—226 页；1475 年 11 月 10 日的两次审讯，耶希瓦手稿，第 236—237 页；1475 年 11 月 11 日的审讯，耶希瓦手稿，第 237—244 页；1475 年 11 月 30 日的审讯，耶希瓦手稿，第 246 页。

[11] 耶希瓦手稿，第 339—341 页、第 387 页。　　　　160

[12] 耶希瓦手稿，第 310—311 页。

[13] 耶希瓦手稿，第 282—284 页。

[14] 耶希瓦手稿，第 295 页。

[15] 耶希瓦手稿，第 226 页、第 264—267 页、第 324 页。

[16] 耶希瓦手稿，第 368 页、第 370 页、第 379 页。

[17] 耶希瓦手稿，第 275 页。

[18] 耶希瓦手稿，第 248 页。

[19] 耶希瓦手稿，第 297—300 页。

[20] 耶希瓦手稿，第 309 页、第 333—334 页、第 366 页。

[21] 耶希瓦手稿，第 226 页、第 247 页（约阿夫）；第 260—267 页（伊萨克）；第 297 页（小摩西）、第 361 页、第 364—365 页（班伯格的摩西）。

[22] 耶希瓦手稿，第 246 页、第 267—272 页、第 277—280 页、第 296 页、第 309 页、第 331—332 页、第 366—367 页。

[23] 耶希瓦手稿，第 331—332 页。

[24] 耶希瓦手稿，第 285—286 页、第 313 页、第 344—345 页、第 376—380 页。

[25] 耶希瓦手稿，第 378—379 页。

[26] 耶希瓦手稿，第 285—286 页。伊萨克被指责为 "pluetfresser vnd trunker vnd Schmäher des allerheiligisten Leydens Jhesu Christi seiner göttlichen Mayestat vnd der allerhochgelobisten Junckfrawen Marie"。

[27] Carlo Ginzburg, *Storia notturna: Una decifrazione del sabba* (Turin, 1989), p. 279.

[28] 耶希瓦手稿，第 379—380 页。

[29] 耶希瓦手稿，第 380—385 页。

[30] 耶希瓦手稿，第 228—233 页。

[31] 耶希瓦手稿，第 311—313 页。

[32] 耶希瓦手稿，第 336—338 页。

[33] 耶希瓦手稿，第 270 页。

[34] 耶希瓦手稿，第 272 页。

[35] 耶希瓦手稿，第 278—280 页、第 282 页。

[36] 耶希瓦手稿，第 387 页。

[37] 耶希瓦手稿，第 347 页。"Auff das sprach der potestat, seyt nun die vorgeschribne ding alle war wären, als er bekant vnd bestätt het, so solt er auff hebryschen geschrifft bey dem lebendigen waren got der himel vnd erden beschaffen hat, wie dann die Juden gewonhait haben sweren vnd doch nit anders, dann was war wär. Er antwurt, er wolt nit swern. Man fraget, warumb, er antwurt, es wär sünd vnd wie oft im der potestat fuursaget, so das war wär so solt er swern es wär nit sünd wann man die warhait swür, er antwurt er wolt nit swern es wär sünd."

[38] 耶希瓦手稿，第 348 页。

[39] 耶希瓦手稿，第 284—285 页。

[40] 耶希瓦手稿，第 248—249 页、第 315—316 页。

[41] 耶希瓦手稿，第 390 页，1475 年 4 月 12 日的审讯。

第九章　改教者

[1] 耶希瓦手稿，第 394 页。

[2] 耶希瓦手稿，第 395 页。

[3] 耶希瓦手稿，第 435 页。

[4] 耶希瓦手稿，第 399 页。"Er sprach, O Jhesus, ich pin unschuldig, ich pitt den martrer als ich unschuldig pin, das er ein wunderzaichen thue."

[5] 耶希瓦手稿，第 400—401 页。

[6] 耶希瓦手稿，第 401—403 页。

[7] 耶希瓦手稿，第 405 页。

[8] 耶希瓦手稿，第 409—410 页。

[9] 耶希瓦手稿，第 412—418 页。耶希瓦手稿的文书将"421"误抄成了"412"。

[10] 耶希瓦手稿，第 423—425 页。

[11] 有关 1476 年雷根斯堡血祭谋杀案的审判文件，见 Raphael Straus, ed., *Urkunden und Aktenstücke zur Geschichte der Juden in Regensburg, 1453-1738* (Munich, 1960)。关于这次审判的分析，见 Hsia, *Myth of Ritual Murder*, pp. 72-82。

[12] 耶希瓦手稿，第 427—434 页。

[13] 耶希瓦手稿，第 428—431 页。

[14] 耶希瓦手稿，第 432 页。

[15] 耶希瓦手稿，第 434—445 页。

[16] 以色列的故事是经过改写，而非逐字翻译的。

[17] 有关基督徒对于犹太改教者的偏见，见 Hans-Martin Kirn, *Das Bild vom Juden im Deutschland des frühen 16. Jahrhunderts* (Tubingen, 1989), pp. 62-66。

[18] 耶希瓦手稿，第 445—446 页。

[19] 耶希瓦手稿，第 447—449 页。

[20] 耶希瓦手稿，第 449—452 页。

[21] 耶希瓦手稿，第 452—455 页。

[22] 耶希瓦手稿，第 456 页。

[23] 耶希瓦手稿，第 456—461 页。

[24] Gene Brucker, ed., *The Society of Renaissance Florence: A Documentary Study* (New York, 1971), doc. 119, 235-243.

[25] 这一奇特的事件的相关情况见 AST, APV, SL, C. 69, no. 68。

[26] 耶希瓦手稿，第 462—463 页。

[27] 耶希瓦手稿，第 463—464 页。

[28] 耶希瓦手稿，第 464—470 页。

[29] 耶希瓦手稿，第 474—475 页。"Der tewfel het im geratten oder eyngebn solliche abgeschribne ding zethuen, darub er sich erkennet, das er den tod verschuld het, doch pät er das er im parmherzig wär vnd verurtaillet in zu einem schnellen tod damit er pald sturb."

162 [30] 这一段引用的文字来自伊萨克的处刑，耶希瓦手稿，第 285—286 页。对拉撒路的处刑，见耶希瓦手稿，第 348—349 页。

[31] 耶希瓦手稿，第 249 页、第 315—316 页、第 476 页。

[32] AST, APV, SL, C. 69, no.63。此文件见于 Ghetta, *Fra Bernardino*, pp. 45-47。

[33] 耶希瓦手稿，第 477 页。

第十章　妇女们

[1] W.P. Eckert, "Beatus Simonis: Aus den Akten des Trienter Judenprozesses," in W. P. Eckert and E.L. Ehrlich, eds., *Judenhass: Schuld der Christen? Versuch eines Gesprächs* (Essen, 1964), p. 345.

[2] 对萨拉的审讯，见耶希瓦手稿，第 479—512 页。关于这里的句子，见第 481 页："Sy hett von abgeng Irs hawswirts ir kranckhayt nit geliten. Ir sey auch der leyb groß gewesen. Doch wiß nit gewißleych ob sy schwanger sey oder nit."

[3] 耶希瓦手稿，第 482 页。

[4] 关于欧洲中世纪后期及近代早期时期的人们对月经的医学观点中潜在的宗教含义，见 Charles T. Wood, "The Doctors' Dilemma: Sin, Salvation, and the Menstrual Cycle in Medieval Thought", *Speculum* 56:4 (1981), pp. 710-727 ; Ottavia Niccolà, " '*Menstruum Quasi Monstruum': Monstrous Births and Menstrual Taboo in the Sixteenth Century*", in Edward Muir and Guido Ruggiero, eds., *Sex and Gender in Historical Perspective* (Baltimore, 1990), pp. 1-25。

[5] 关于这一个医学观点，我在此特别鸣谢迈克尔·J. 兰根（Michael J. Langan）的协助。迈克尔·J. 兰根医学博士致作者的信，1991 年 4 月 28 日。

[6] 耶希瓦手稿，第 483—484 页。

[7] 耶希瓦手稿，第 524—532 页。

[8] 关于舍恩莱因的病可能的医学解释包括多囊卵巢综合征（卵巢增厚导致停经）或特纳氏症（天生卵巢缺失）。迈克尔·J. 兰根致作者的信，1991 年 4 月 28 日。

[9] 耶希瓦手稿，第 506 页。

[10] 耶希瓦手稿，第 533 页。

[11] 耶希瓦手稿，第 568 页。

[12] 耶希瓦手稿，第 479—481 页。

[13] 耶希瓦手稿，第 483—485 页。

[14] 耶希瓦手稿，第 488—493 页。

[15] 耶希瓦手稿，第 494 页。"Antwurt man hett ir gestern versprochen, man wolt sy nymer fragn, man solt sy auch nymer fragn. Ir antwurt auch der Potes- 163 tat, ob sy dye warhayt nit sagn wolt, so wolt er ir lassen abziehn vnd pinden. Sy antwurt sy wolt nu dy warhayt sagn, so ir das an dem lebn nit schadn pracht. Der potestat sprach sy solt dy warhayt sagn vnd ließ sy auffziehn vnd pinden. Do antwurt sy ich sech das ir mein tod wellt vnd als man sy abzoch vnd pand da sprach sy, ir wellt etwas von mir wissen dar auß mir der tod get oder nachvolgt. Man sprach sy solt dy warhayt sagn, sy antwurt vnd fraget was dy bella oder dy schonlin bekannt het, der potestat sprach, sy het dy warhait verholn."

[16] 耶希瓦手稿，第 494—497 页。

[17] 耶希瓦手稿，第 513—517 页。

[18] 耶希瓦手稿，第 520—524 页。

[19] 耶希瓦手稿，第 497—498 页。

[20] 耶希瓦手稿，第 534—538 页。

[21] 耶希瓦手稿，第 507—508 页。

[22] 耶希瓦手稿，第 546 页。

[23] 耶希瓦手稿，第 603—611 页。

[24] 耶希瓦手稿，第 569—573 页。

[25] 耶希瓦手稿，第 528 页。

[26] 关于食物准备过程中各个妇女的角色，见耶希瓦手稿，第 479 页、第 485 页、第 508a—508b 页（萨拉）；第 517 页、第 528 页（舍恩莱因）；第 558 页、第 578 页（居特莱因）；第 591 页（安娜）。

[27] 耶希瓦手稿，第 502—503 页、第 538—539 页。

[28] 耶希瓦手稿，第 542—543 页、第 610—611 页。

[29] 耶希瓦手稿，第 540—542 页。

[30] 耶希瓦手稿，第 534 页。

[31] 耶希瓦手稿，第 596 页。

[32] 耶希瓦手稿，第 579 页。"Sy hatt auch die selbn wort da gesagt aber der potestat zu meyden grosser ubel wolt nit das man dy schrib." 也许的确是有一些用来对抗恶劣天气或是疾病的希伯来咒语，但居特莱因把鲜血和预防疾病用的咒语联系起来，是为了迎合急于确认对犹太人意见的执法官。

[33] 耶希瓦手稿，第 562 页。

第十一章　罗马的裁决

[1] AST, APV, SL, C. 69, no. 70: "Venerabili Fratri, episcopo Tridentino. Sixtus P.M. Venerabilis Fratre Salutem et apud tuam bene. Post reditum venerabilis Fratris Baptiste episcopi Vintimiliensis quem ob causam hebreorum istuc misimus, cognitione huius cause quibusdam ex venerabilibus fratribus meissanctac romanae ecclesiae cardinalibus commisimus, cuius commissionis vigore dudum inhibito emanavit, intelleximus tamen quod his non obstantibus, quottidie contra ipsos judeos aliquid innovas. In quo si ita sit, prudentiam tuam miramur, qui non consideres id tibi, stante inhibitione huiusmodi non tuere, utcumque tamen sit, volumus, et sub pena suspensionis a divinis apostolica auctoritate tibi mandam ut deinceps huiusmodi occasione nihil contra judeos ipsos aut eorum aliquem debeas innovare, sed mulieres et vivos quos detines extra carceres in loco non incommodo, tuto tam servari facias, secus si fieret, quod non credimus materiam preberes tibi graviter succensendi. Datum Rome apud sanctum petrum sub annulo piscatoris die iii Aprilis MCCCCLX-XVI pont. ma. anno quinto."

[2] 关于西斯克特四世的政治史，见 Ludwig von Pastor, *The History of the Popes*, vol. 4。文化与思想史，见 Charles L. Stinger, *The Renaissance in Rome* (Bloomington, 1985); Egmont Lee, *Sixtus IV and Men of Letters* (Rome, 1978); 以及会议文集 *Un Pontificato ed una Città: Sisto IV (1471–1484)*, ed. Massimo Miglio et al. (Vatican City, 1986)。

[3] Anna Esposito, "Gli Ebrei a Roma tra quattro e cinquecento," (Ebrei in

Italia) *Quaderni Storici* 54 (December 1983), pp. 815–845, 这里的引用见第 816—820 页。

[4] Esposito, "Gli Ebrei a Roma", pp. 822–823.

[5] Kenneth R. Stow, *Taxation, Community and State: The Jews and the Fiscal Foundations of the Early Modern Papal State*, Päpste und Papsttum 19 (Stuttgart 1982), p. 7.

[6] Esposito, "Gli Ebrei a Roma," p. 832 ; *The Renaissance in Rome*, pp. 53–54.

[7] 有关欣德巴赫和罗马人文学者的往来，见下文对普拉蒂纳的讨论。在 1478 年 6 月教宗训令颁布之后，罗马学院的领袖和普拉蒂纳的友人蓬彼尼奥斯·莱塔斯（莱托）（Pomponius Laetus［Leto］）也写信向欣德巴赫道贺，见 AST, APV, SL, C. 69, no.157。此外，欣德巴赫有一册由比翁多·法尔维（Biondo Falvio）写的《描绘意大利》（Italia illustrata），上面满是他亲手写的注释。见 Jeffrey A. White, "Towards a Critical Edition of Biondo Flavio's 'Italia illustrata': a Survey and an Evaluation of the Manuscripts", in *Umanesimo a Roma nel Quattrocento* (Rome, 1984), p. 287。

[8] King, *Venetian Humanism*, pp. 327–328 ; Pastor, *Popes,* 4:121.

[9] AST, APV, SL, C. 69, no. 62. 罗塔勒和阿浦洛维尼斯致欣德巴赫的信，1476 年 1 月 12 日。

[10] AST, APV, SL, C. 69, no. 66.

[11] AST, APV, SL, C. 69, no. 73.

[12] AST, APV, SL, C. 69, nos. 71, 74, 77, 84, 97, 98.

[13] AST, APV, SL, C. 69, nos. 76, 111.

[14] AST, APV, SL, C. 69, no. 80a. 这份文书文件是由约翰内斯·范登戴克（Johannes van den Dyck）起草的，为了避免妇女们在将来声称她们是被逼受洗的。C. 69, no. 80b 是 80a 的草稿。在耶希瓦手稿记录中，居特莱因也受洗，并取洗礼名为朱斯蒂娜（Justina），但却没有关于她受洗的日期和情况的记载。

[15] AST, APV, SL, C. 69, no. 82. 约翰内斯·范登戴克的记录文书（两份）。

[16] AST, APV, SL, C. 69, no. 85.

[17] Pastor, *Popes*, 4:411.

[18] AST, APV, SL, C. 69, no. 110.

[19] Stinger, *The Renaissance in Rome*, pp. 8–9, 86, 189–190, 286; Pastor, *Popes*, 4: 433–435, 447–451.

[20] Quaglioni, *Apologia Iudaeorum*, p. 110.

165

[21] AST, APV, SL, C. 69, no. 122.

[22] Quaglioni, *Apologia Iudaeorum*, p. 32.

[23] Diego Quaglioni, "I Giuristi Medioevali e gli Ebrei. Due 'Consultationes' di G.F. Pavini (1478)", *Quaderni Storici*, N. S 64 (April 1987), pp. 7－18; 也可参见 *Apologia Iudaeorum*, pp. 32－35。

[24] Quaglioni, *Apologia Iudaeorum*, p. 86: "Postremo dominaciones vestre diligenter actendant quale ex hoc negotio Tridentino periculum immineat religioni Christiane, et quales laquei rudibus et indoctis simplicibusque tendantur. Nam quemadmodum vera miracula ad fidei confirmationem a Deo sepe fieri compertum est, ita falsa et simulata et ingenio et arte humana conficta ad eius destructionem cedere sacri Ecclesie doctores non dubitant. Ideo antichristum non vera sed simulata miracula facturum ex sacris Itteris commentatur: quianulla sunt ad fidei destructionem validiora iacula, argumenta nulla forciora, nulli perniciosiores laquei ad decipiendum, quam huiusmodi falsorum miraculorum fictiones et fraudes. Vocant enim in dubium miracula apostolorum et martirum et veterum sanctorum, quos tamen constat veris et non fictis miraculis claruisse."

[25] Quaglioni, *Apologia Iudaeorum*, p. 112: "Me sedente pro tribunali Roveredi, cum adesset Tridentinorum procurator non in angulo, sed palam in frequenti hominum conventu, ausus fuit protestari se ac Tridentinos illum suum beatum adorare tanquam secundum Christum, ut eius utar verbis, et tanquam secundum Messiam: quem preferebant, ut ille dicebat, omnibus virginibus, martiribus, apostolis et omnibus sanctis Ecclesie Dei. An tu posses ista, a quibus humane abhorrent aures, sine summa tua vituperatione defendere?"

[26] André Vauchez, *La Sainteté en occident aux derniers siècles du moyen âge d'après le procès de canonisation et les documents hagiographiques* (Rome, 1981), pp. 176－177, 181－182.

[27] 前后参与委员会的枢机包括马可·巴尔博、弗朗切斯科·贡萨加、乔瓦尼·米基耶、贾科莫·阿马纳蒂·友科洛米尼、安杰洛·卡普拉尼卡（Angelo Capranica）、波迪奥的奥西亚（Ausia de Podio）、菲利贝尔·于戈内（Philibert Hugonet）以及弗朗切斯科·托代斯基尼·皮科洛米尼（Francesco Todeschini Piccolomini），见 *Apologia Iudaeorum*, p. 35 n. 60 和 Divina, *Storia*, 2:178, 179。

特伦托 1475：一场血祭谋杀审判

[28] AST, APV, SL, C. 69, no. 83.

[29] Pastor, *Popes*, 4:408-414; Stinger, *Renaissance in Rome*, pp. 94-95.

[30] AST, APV, SL, C. 69, no. 108.

[31] AST, APV, SL, C. 69, no. 116. 罗塔勒致欣德巴赫的信, 1478年3月15日。166

[32] AST, APV, SL, C. 69, no. 119. 阿浦洛维尼斯致欣德巴赫的信, 1478年3月24日。阿浦洛维尼斯是从巴尔博枢机处得悉这个谣言的, 而巴尔博枢机是从一名居住在罗马的犹太人口中获悉的, 这名罗马的犹太人又是从罗韦雷托的犹太人那里听来的。

[33] AST, APV, SL, C. 69, no. 120.

[34] AST, APV, SL, C. 69, no. 129; 耶希瓦手稿, 第1—3页。

[35] 有关托钵修会带有敌对性的反犹太言论, 见 Jeremy Cohen, *The Friars and the Jews: The Evolution of Medieval Anti-Judaism* (Ithaca, 1982); 关于方济各会在布道中反对犹太银行及宣传"怜恤之山"的慈善放贷的关系, 见雷纳塔·塞格雷 (Renata Segre) 的论点, "Bernardino da Feltre: I Monti di Pietà e i Banchi Ebraici", *Rivista Storica Italiana* 90 (1978), pp. 818-833。其他论点, 见 Anna Antoniazzi Villa, "A proposito di ebrei, francescani, Monti di Pietà: Bernardino de Bustis e la polemica antibraica nella Milano di fine '400,' " in *Il Francescanesimo in Lombardia: Storia e Arte* (Milan, 1983), pp. 49-52。

[36] 见多米尼克·里戈 (Dominique Rigaux) 的两篇文章, "L'immagine di Simone di Trento nell'arco alpino per il secolo XV: un tipo iconografico?" in Rogger, *Hinderbach*; "Anitjudaïsme par l'image: L'iconographie de Simon de Trente (1475) dans la région de Brescia," in D. Tollet, ed., *Politique et religion dans le judaïsme ancien et médiéval* (Paris, 1990), pp. 309-317; 同可参见 Gabriella Ferri Piccaluga, "Economia, devozione e politica: immagini di Francescani amadeiti ed ebrei nel secolo XV," in *Francescanesimo in Lombardia*, pp. 107-122, esp. p. 109, ill. 28。

[37] Cecil Roth, *The History of the Jews of Italy* (Philadelphia, 1946), pp. 172-173.

[38] James S. Grubb, *Firstborn of Venice: Vicenza in the Early Renaissance State* (Baltimore, 1988), p. 97.

[39] Laura dal Prà, "L'immagine di Simone di Trento nell'arte trentina dal secolo XV al secolo XVIII", in Rogger, *Hinderbach*.

[40] Scherer, *Rechtsverhältnisse*, pp. 590-596.

[41] Scherer, *Rechtsverhältnisse*, p. 614.

[42] AST, APV, SL, C. 69, no. 137.

[43] Bonelli, *Dissertazione*, p. 212a.

[44] AST, APV, SL, C. 69, no. 1e.

[45] Hermann Wiesflecker, *Kaiser Maximilian I: Das Reich, Österreich und Europa an der Wende zur Neuzeit*, vol. 4 (Munich, 1981), pp. 9-10.

[46] Scherer, *Rechtsverhältnisse*, p. 615; Hsia, *Myth of Ritual Murder*, pp. 43-50; Kirn, *Das Bild vom Juden*, pp. 52-53.

[47] Emanuela Trevisan-Semi, "Gli 'Haruge Trient'(Assassinati di Trento) e lo 'herem' di Trento nella tradizione ebraica," in Rogger, *Hinderbach* .

[48] 作者在此引用了西尔维娅·A.赫尔斯科维茨翻译的《基纳》的英文译本，载 *Medieval Justice: The Trial of the Jews of Trent* (New York, 1989)。关于《圣经》的引用，作者在此感谢布鲁克林学院的戴维·伯杰教授。

[49] M[eir] Wiener, ed., *EMEK HABACHA von R. Joseph [ben Joshua] ha Cohen* (Leipzig, 1858), pp. 63-64.

[50] Quaglioni, *Apologia Iudaeorum*, p. 40.

[51] *Processi*, pp. 86, 448-454.

[52] *Processi*, p. 61, n. 22.

后 记

[1] Esposito, "Lo stereotipo dell'omicidio," *Processi*, pp. 82ff.

[2] 瓦根赛尔的专著 *Benachrichtigungen wegen einiger die Judenschafft angehenden wichtigen Sachen*, 于 1705 年在美因河畔法兰克福（Frankfurt am Main）出版。

[3] 原书名是 *Der Blutaberglaube in der Menschheit: Blutmorde und Blutritus* (Munich, 1892)，亨利·布兰钱普（Henry Blanchamp）在翻译此书的时候给了一个误导性的标题，*The Jew and Human Sacrifice* (New York, 1909)。

[4] 有关迪维那与施特恩之间的冲突，见《特伦托的被赐福的小西蒙的故事》的前言。莫里茨·施特恩收集的诏书结集出版，即 *Die päpstlichen Bullen gegen die Blutbeschuldigung* (Berlin, 1893)。

[5] *La Civiltà Cattolica*, XI, t.8 (1881), pp. 225-231, 344-352, 476-483, 598-606, 730-738; t.9 (1882), pp. 107-113, 219-225, 353-362, 472-479, 605-613; t.10 (1883), pp. 727-738.

特伦托 1475：一场血祭谋杀审判

[6]　Menestrina, "Gli Ebrei a Trento", pp. 304－316, 384－411.

[7]　Volli, "I 'Processi Tridentini' e il Culto del Beato Simone da Trento".

[8]　W. P. Eckert, "Beatus Simoninus—Aus den Akten des Trienter Judenprozesses," in Eckert and Ehrlich, pp. 329－357.

[9]　尽管如此，但墨西哥教会年历（1990）中仍然有圣西蒙庆日，见 *164* ° *Calendario del más Antiguo Galvan para el año de 1990*。作者感谢澳大利亚威坦格拉（Weetangera）的约翰·哈里斯（John Harris）提供这一信息。

[10]　Elena Tessadri, *L'arpa di David: Storia di Simone e del Processo di Trento contro gli Ebrei accusati di omicidio rituale 1475－1476* (Milan, 1974). 此书有许多错误，而且不是以现存的审判记录手稿为依据的。

索 引

（索引页码为原书页码，即本书边码）

图书在版编目(CIP)数据

特伦托 1475:一场血祭谋杀审判/(美)夏伯嘉著；
胡芷妡译.—北京:商务印书馆,2023
（新史学译丛）
ISBN 978 - 7 - 100 - 21570 - 1

Ⅰ.①特… Ⅱ.①夏… ②胡… Ⅲ.①反犹太主义—
研究—欧洲 Ⅳ.①D750.1

中国版本图书馆 CIP 数据核字(2022)第 169651 号

新史学译丛

特伦托 1475:一场血祭谋杀审判
〔美〕夏伯嘉 著

胡芷妡 译

傅俊濠 黄信之 校

商 务 印 书 馆 出 版
(北京王府井大街 36 号 邮政编码 100710)
商 务 印 书 馆 发 行
北 京 冠 中 印 刷 厂 印 刷
ISBN 978 - 7 - 100 - 21570 - 1

2023 年 1 月第 1 版   开本 710×1000 1/16
2023 年 1 月北京第 1 次印刷   印张 11¾
定价:55.00 元